JN293445

前田育徳会尊経閣文庫編

尊経閣善本影印集成 22

字鏡集 二

二十巻本
巻六〜巻十

八木書店

縝 ヒム　𩞄同 イチヒ

編 ヘン　履扈編

緅 ヨウ　𩞐同 アサノカラ

米部　二百十七字

米 ヘイ ミイ　粎同 イチツヒ ヨチ コメ

精 シイ シノ　粥同 シルカユ　鬻同 カユ正 ウル

糙 サウ　糙同 アサヤカナリ ヨフシヒ スカヌ カサル

粰 ホウ　粖同 イチノカト カユ シコシコメ

糝 サン　糣同 糂同 ヒラケヨチ トク イヒスクノ コフカキ

釆 ヘン　𥸮 ワカツ

精 セイ シヤウ　ツクム ヒナフ スコし ハケし エト エマル エサし ソツカニ アナコ ヨシ エラフ コマカナリ スクル ミヤソ ウルハし シラフ クハし アキラム アツし ワキラ

稲 タウ　稲同 イチ

𥼰 ケン　粽同　𥼰 コ

粺 ヒ ハイ　ヒラケヨチ

糈 シヨ ソ　糈同 カテ　粧同 クミシ子

糒 ヒ　𥽚同 糲同 𥼢同 𥼢同 カレイヒ アミイヒ

𥽆 ミチ　𥻮也

粷 キク　居六反 カンタチ

糔 シテ　子ヘタリ

𥸷 セツ　コメサキ クダケコメ

𥼚

𥹂 バウ カラ　莫交反

粘 コ　糊同 𥼃同 コツ 粘

𥻘 シウ　糑同 粉也

𥽚 マン　糒同 饅同

𥹊 ヒ　𥹯同

粠　胡么反 ヒラケヨチ

粘 テン テム　黏同 ヒラハル アメ 子ヤカリツラ

字鏡集十

動物下

人父母臣尸女鬼

人部

七百七十七字

人 ヒト

仁 キミ ヒト メクム

份 文質備也

㑣

例言

一、『尊経閣善本影印集成』は、加賀・前田家に伝来した蔵書中、善本を選んで影印出版し、広く学術調査・研究に資せんとするものである。

一、本集成第三輯（古辞書類）に採りあげる『字鏡集（二十巻本）』の原本は、各巻一冊の二十冊より成るが、本影印においては、各冊五巻宛収める横本四冊に編成する。

一、本冊は、『字鏡集（二十巻本）』二として巻六～十の五巻を収め、各頁に原本の見開き二面を載せ、本文各丁図版の下欄の左端または右端に（1オ）（1ウ）のごとく丁付けした。

一、原本の朱点等のある箇所は、墨・朱二版に色分解して製版、印刷し、ノドにかかる難読文字は接写撮影し、参考図版として冊尾に収めた。

一、新たに目次を作成し、植物部中以下の門目および艸部以下の篇目にそれぞれ頁数をつけて冊首に収めた。なお、原本に欠落した門目は、括弧に入れて補記した。

一、各頁ごとに柱をつけ、その本文の頁の柱には、巻次および門目・篇目を標示した。

一、本書の解説は、峰岸明横浜国立大学教授が執筆、『字鏡集（二十巻本）』四に収載する。

平成十二年九月

前田育徳会尊経閣文庫

目次

巻　六

（植物部　中）

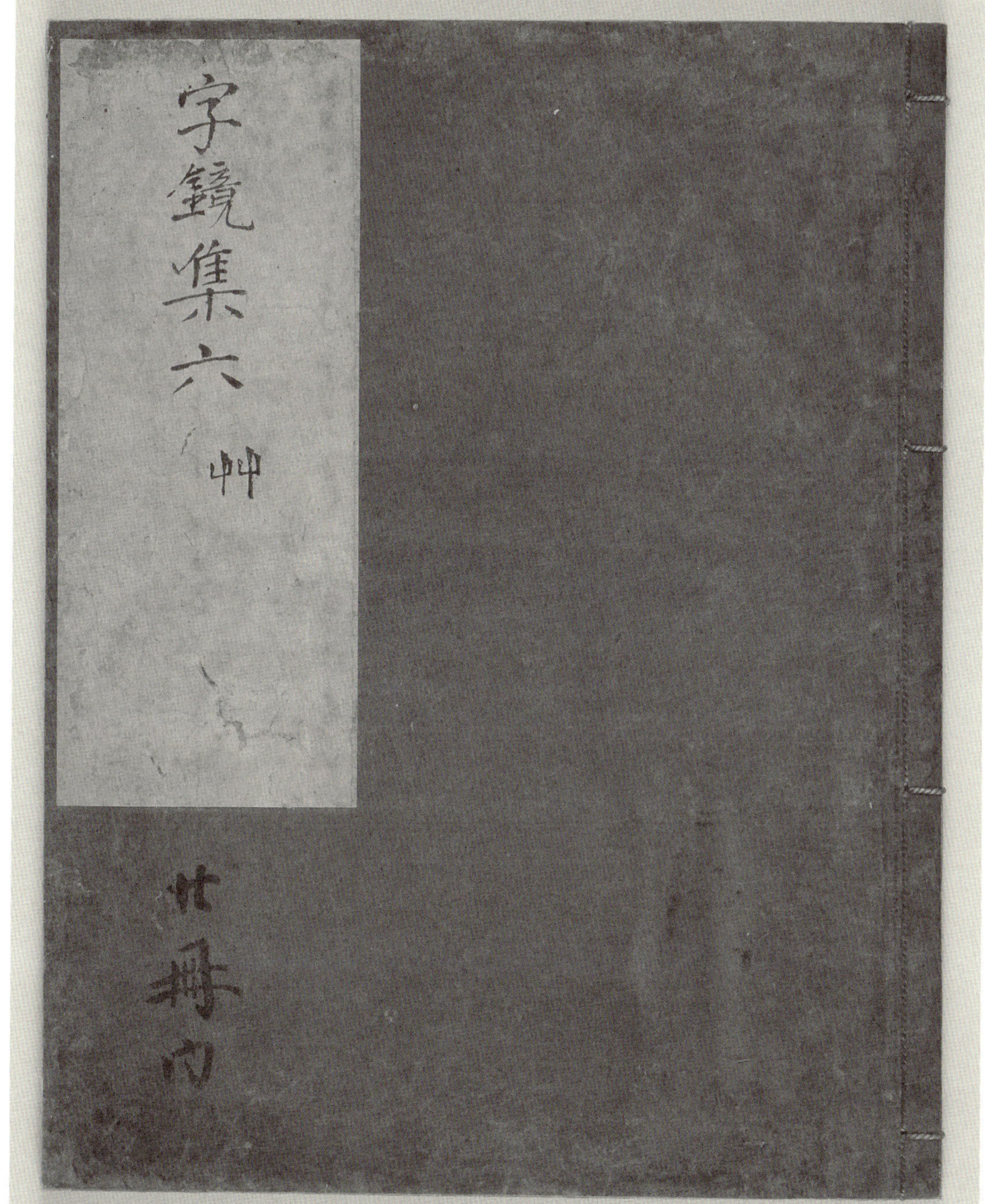
字鏡集六
艸
廿冊内

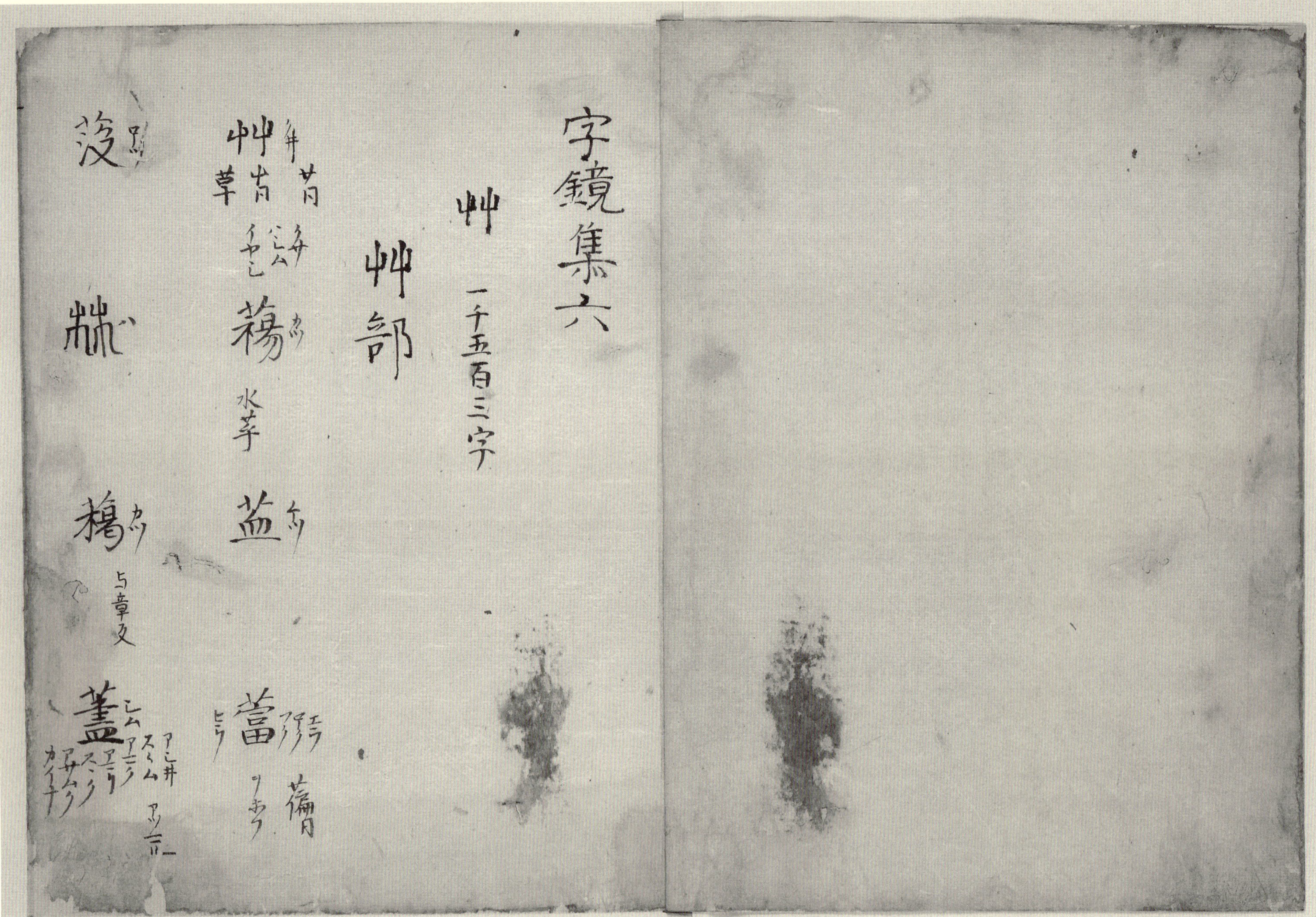

（1オ）

（2オ）

（1ウ）

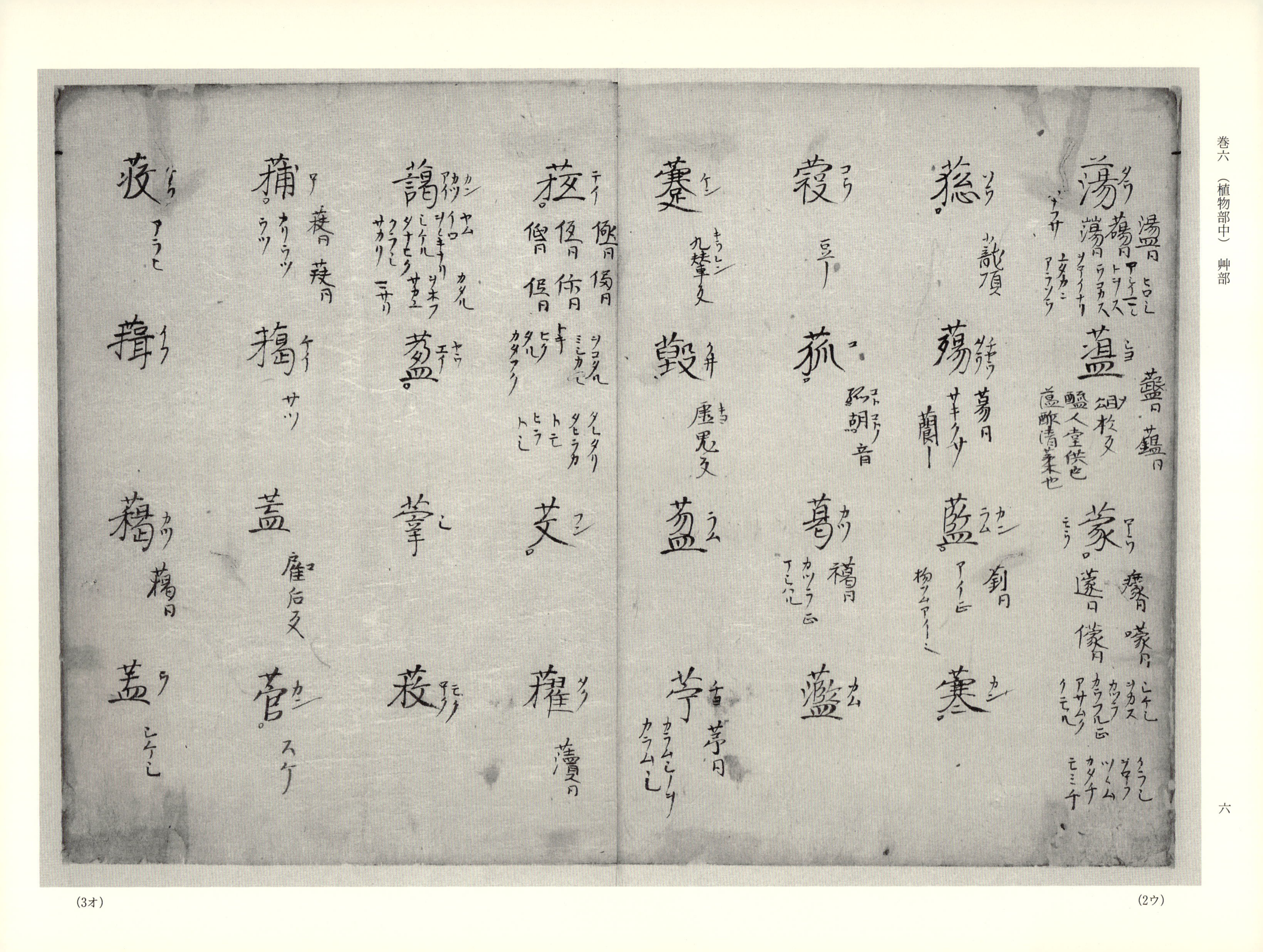

(3オ)

(2ウ)

(4オ)

(3ウ)

蔽 ヘイ 蔽音 ツイキス ツキラ サキラ サハル ヤハル イヤフル ヤフル

萢 ハウ 包音

葥 セン 葥音 蒴音 葥音 葥音 アサミ スイ 草名 ヰ子 蕳音

蒟 ク

蔽 ヒラク

蓭 ヲ

菂 テキ ヒシ 蓮中ノ子也 正

蕱 セウ エキ

蘬 テキ 蘬音

菽 サウ

蘿 [illegible]

蒡 トトフ

葥 セン 湔音 ヤニフキ

蘂 ヒ子 㚖 ミツ 栗文

蔟 ソウ クサムラ

菈 ラウ

葯 アイ ヤク アツニル トミツ

蒴 サク

蓂 ヒ子 蓂音 ハチスノ子 ハチスノサ子

菝 ハウ

蒳

蒴 キク 居六文 ムスフ

蒯 クワイ

藖 ヒン 藖音 蕡音 クヰ 金 ムスフ

蔎 カウ 蔎音

蒨 サウ

葯 ヤク 芍音 ハスノミ

萴 トク

蓿 シク ミツシ シアイ シアヒノミ

莉 リ 蔾音 烏蓏 胡了文

菝 ハツ ホツ 㵄音 僟音 ツユクサ コチツ スム アラス アハク ムラ アラ八人 アフカ アリ シユチフ リコス ノフ ムカフ

（6オ）　（5ウ）

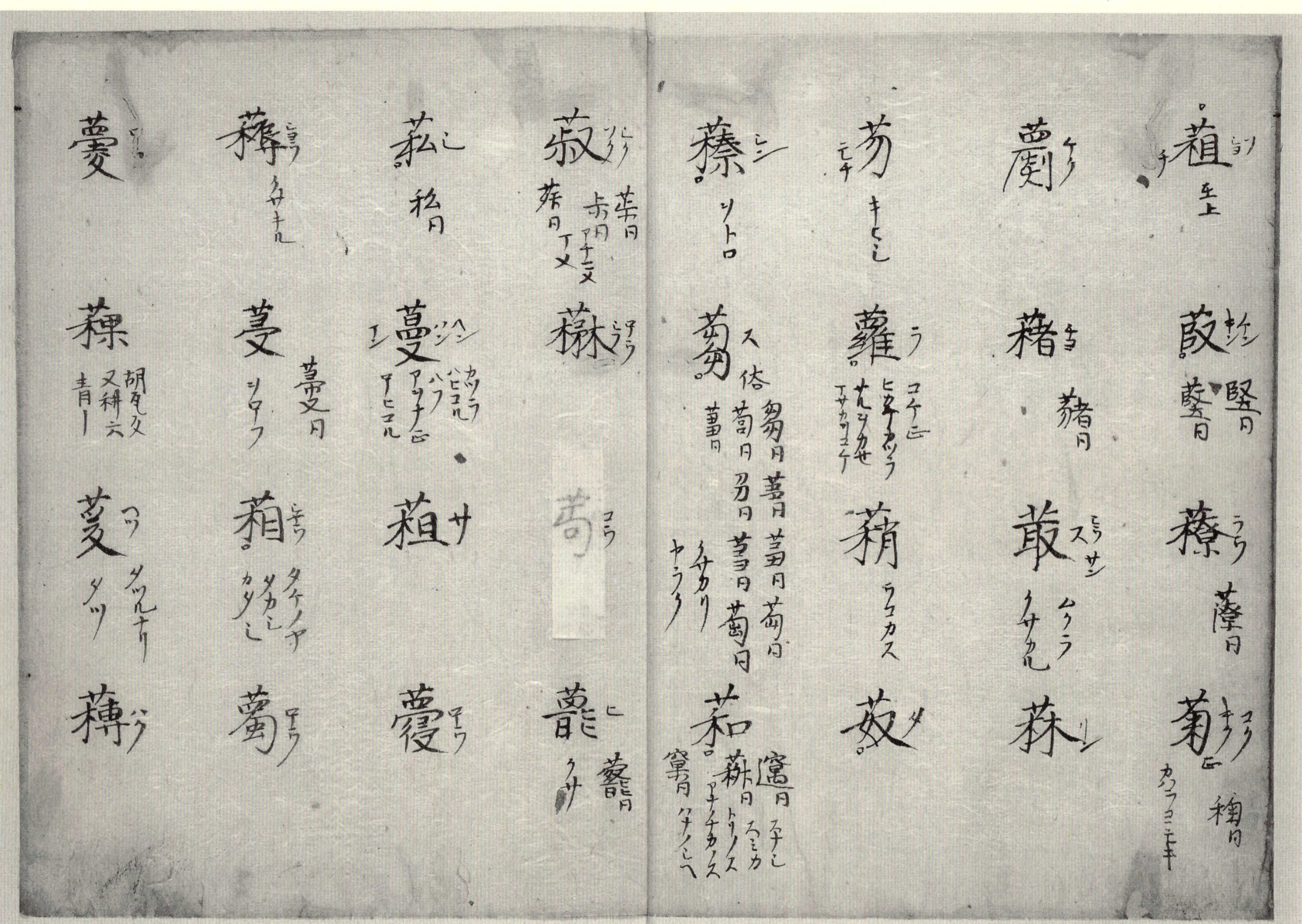

（7オ）　（6ウ）

蔔 ホク
蕧 ハウ ヒカメ ツヨミ
萩 セウ シウ 羊正
蘞 レン イト カクミ

蘋 ヘイ
蔔 コウ
夢 ボウ 蓬蕍
蕛 テイ ヒコハフ

藪 ソウ ヤニワ子正
菘 シウ カラシ正
薥 ショク
蒗 イ

薽 キ 木ノ
菇 ト
蘠 音乙
蕺 ハイ ニノカウ 莫葛又

蒴 シク
蔌 ソク
蔪 シ
蘳 セン

蔑 ヘツ サミス アナツル ナイカシロ
蕁
茨 シ 疾脂又
菚 セン フムタ

蘺 リ カラハキ アカキ
積 シ ツミキ イナムラ
茭 シ
蘸 サウ

藑 クウ
藉 シク
萋 セン
薼 セン ソノ

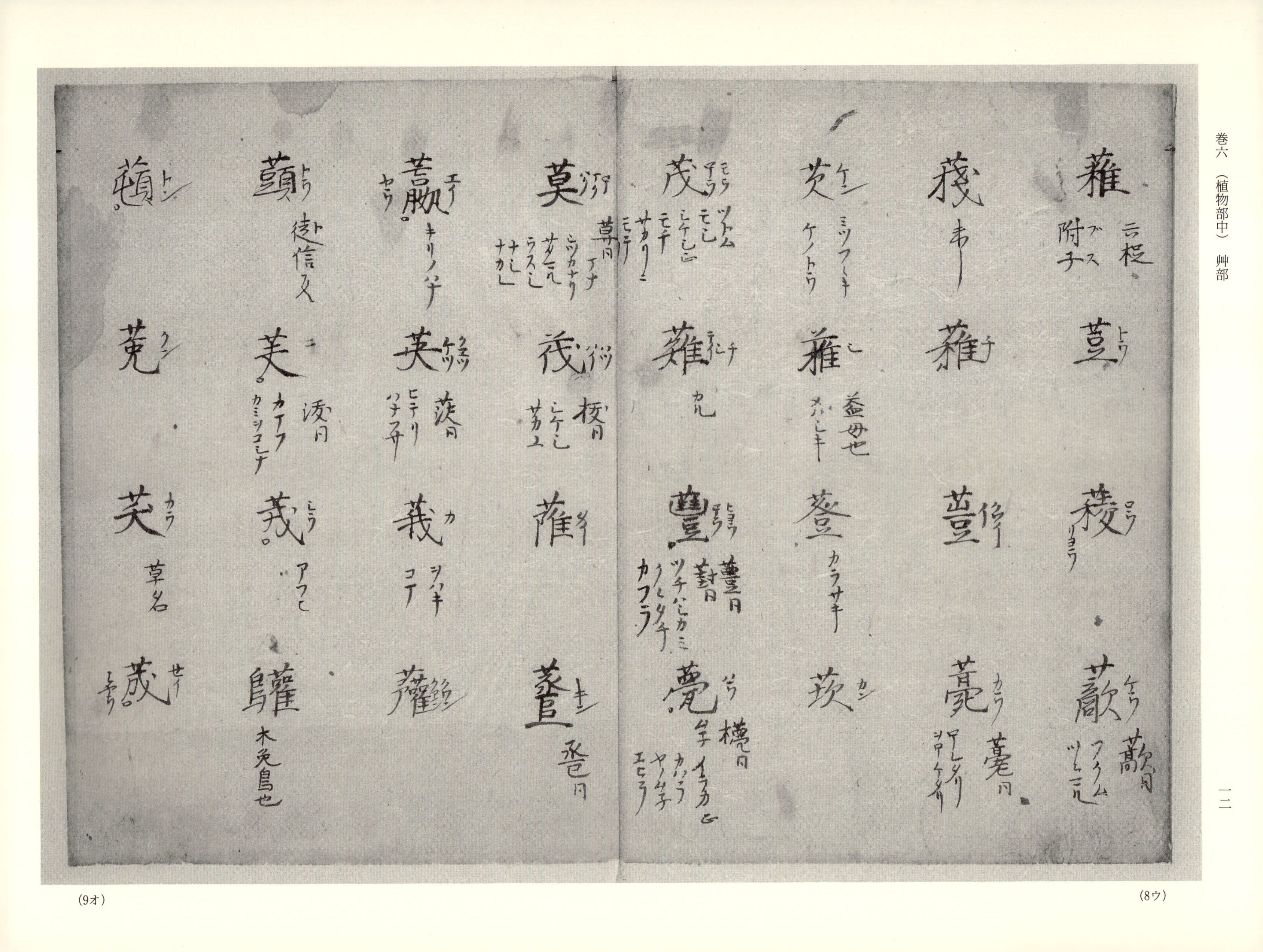

（9オ）

（8ウ）

藿 ナウ ヤニニウ
蘱 セツ
菟 ト 兎月 菟月 ウサギ正
美

葳 イ 花盛皃
蘿 テウ 蘿月
藾 カイ
蔥 エン

荚 ケウ サタム ハナフサ
蕆 シム イミシム ミタレス ナサ
蘭 テイ
藾 ライ

蘜 キク
莫
蔵 サウ
萑 クワン 雚月 クチニテ 鸛月 ミツトリ

藾 ライ 莉月 ムクラ正 ヨモギ ニウル 蒴月
蘜 キウ 蘜月 虬月
葜 カイ ヒカム
蕆 テン 蕆月 ソナフ

蔫 セン
蘊 タイ 蘊月 ツワクノミ
蒍 ゐ 芫月
芙 サウ

蕆 ソン
蔓 タウ 玉薄叉 又云護 薬名
薠 ヒン アツ
苞 イウ ウキ 羽鳩叉

莢 エフ 莢月 ハカセシ ヒテリ ハナフサ
蘷 草名
蔦 テウ ツタ タイ アヤ
蘱

（11オ）　（10ウ）

蘢ロウ イヌタデ正 ヒヲウ
蘂 ー草 史食又
蘵セム
藤 未ー

萍ヘイ ウキクサ 蓱同
蒐シウ エラフ
蘗ヘイ フサク
蘵セン

藤トウ 草名
蒲ホウ カア ハラハフ
塊カイ ツチクレ 壗同 塊同 瘣同 䰎同 霓同
萁コウ 火不明

蕺エン
藤トウ フチ正 藤同 藤同
荷カ ハチス
醜シウ

萸 未ー
蕺セツ 芙同 蕺同
勝ショウ コテ
蓱

蒐シウ カル カリ カクル ナカリ カリヌ タイトカ カサシ カリモ
萸サイ
藏サウ 在上
莚エン 蔓ー草 藤生

蔪セム
芼ロ クスリノ名 六夕
蔓ケン
薟ラム

藤サウ 滕同 騰同
藫タム
芼ハウ マウ スエ ムヒル エラフ
莫セン キノミ 蔦同

（12ウ）

蕺 シフ 蕺同 シフキ

蘵 ワク ツワ 蔔 アヲサヒ ツワ子

蕍 ユ 茅ノ名

芑 キツ

美 イ ヒロハユ

蒧

蓖 アイ 蓖同 アサ

𦺇 テキ

蒦 ワク

蕺 サイ

葩 ヒ

落 ラク 洛同 日ノシルヒナリ ハヒム クル 潛 濬 トモカラ ツトロフ ミチ シツ ヒ又 アツル ツラ子

萸 ユ シマタラ

蓛 カツラ 六主

蘺 ヒスイ

藻 ヒム

（13オ）

芚 トム

黃 カウ 黃同 キナリ アヲカ キタリ キハタリ イリアイ ミミツ カイナ

茋 キ クスリノ名

蒗 ラウ ミキクサ

蔙 エン

芞 キウ イウ

黃 イ

茷 ヒ

蒱 ワ

蔆 リク

蓩 カウ ヌクル

蕣 ヘウ

葿 コ クサ

蒪 ホ

蘐 ハ

藳 カウ 藳同 毫同 毫同 ミウ シイタリ

芙 フ ハチス
苢 コウ キウ カル カクノ之
蓓 フ ホウ ニラキ
蔆 ムム 蔆同

萉
莬 カウ ケウ 蘾同 コモ カヤ ヰチサ
苫 菸同 アサカホ アレノハ
蒴 フ ヒル ヒル 同 ナナリ ミネヒル ナヒヒ

蘰 ハン ミン
藿 ホウ
蔡 ケイ
菩 コク

藉 セイ ヒロウ
菘 タン
蘖 タン 九宮ノ三音
蓺 セツ 焫同 ヤク タク アツシ アツカフ トモス

苦 カク 蘄同
蒴 ホン
菼 タン
莧 タン

茇 カウ
茖 カク
蓿 シク ウ
藻 エイ ムモモノ

蒐 ミル
萛 ヘツ ソヒノクモ也
苫 セム 蔭同 トマ トク ユカム
莆 ケム

蓀 テキ トラカス
蒩 キ ミル
蘞 ヘウ 蒯同 花ノカキ
若 サ ニャク 芊 蒻同

(14オ) (13ウ)

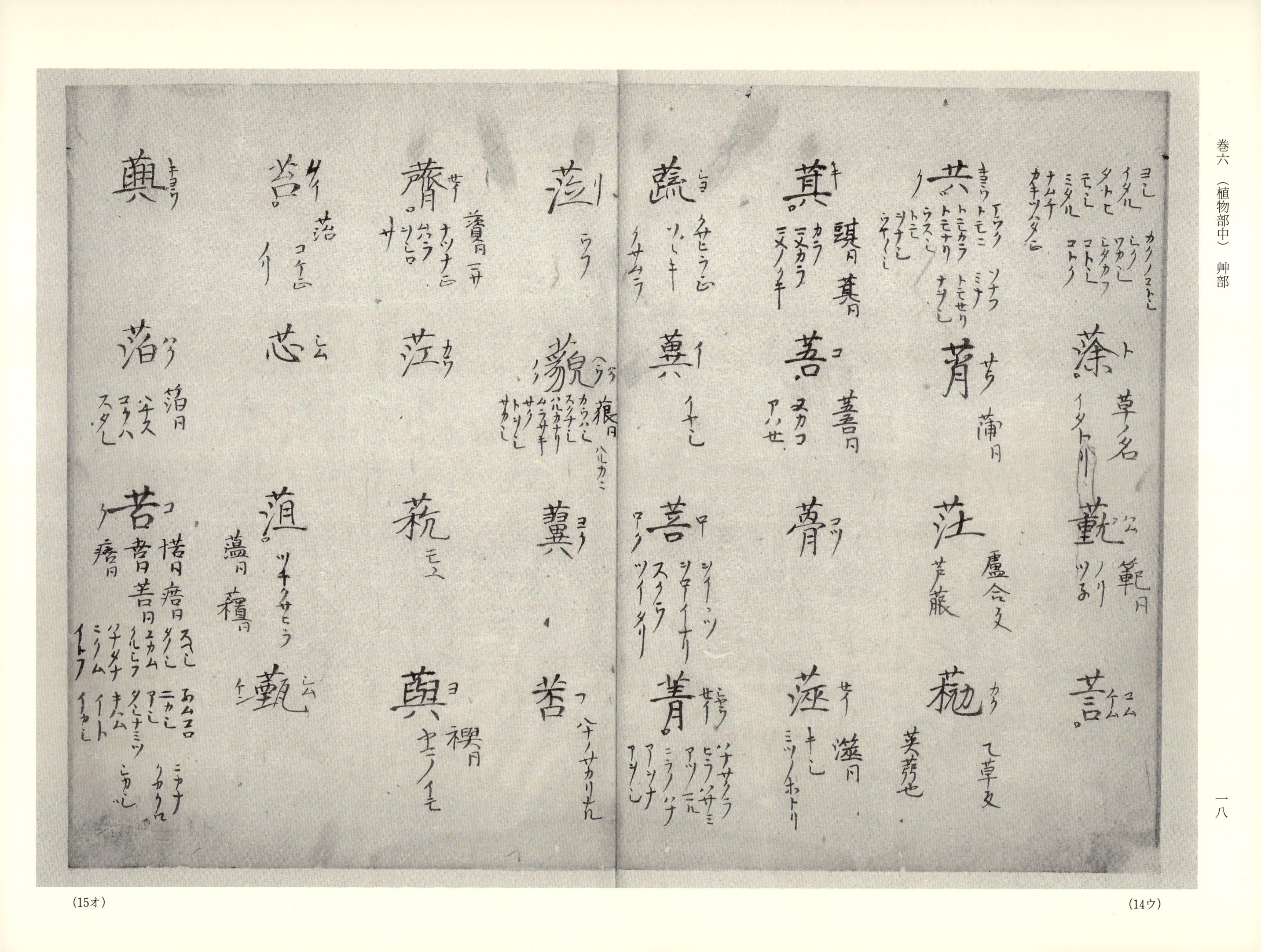

（15オ）

（14ウ）

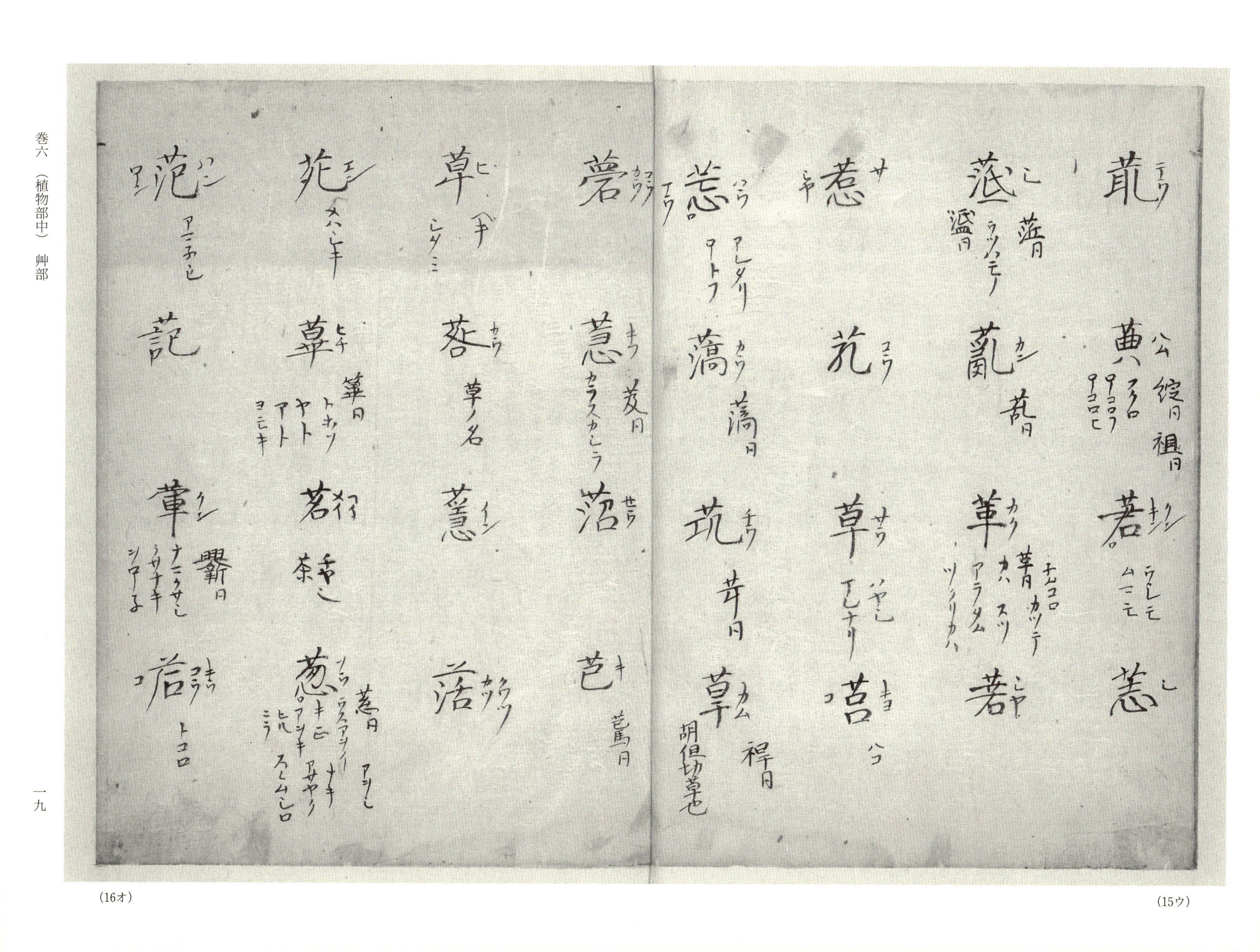

（16オ）

（15ウ）

（16ウ）

（17オ）

苞 イウ
艹 カイ
茄 カ ハチス 茄 ハカル ハチスノクキ ラク
葸 シ シワし

藻 サウ 藻 藻 ハモ ウルハシ ニタラカニ
葩 ハ ハナヒラ 葩 ハナ ミタル サカリ
苧 テイ
蓸 未詳

蘺 リヨ 蘺茹草也
芊 テイ 吊月
蕸 カ
薄 ハク 薄月 スヽキ アサし イタル クタル タヒラカナリ コムニ ハク 又 イヒナリ

蕙 ケイ クチハカイ
舊 キウ 舊 イニシヘ フルし ヒサし クニス
蓖 ヒ クサチ

ツクノ トム ツウ フムタ スタ セニル スしし サム ラスし スタチし シホフ ハチスヽキ

芛 芊月
苛 イラ カラし イカル アチエ又 苛月
慝 アク 德月 慝月 德月 ナシフ ニクム シコル イツクシ アサし カタチ カラク イカシフ

芃 カウ
芩 キン ハナスヽキ サカリ ナナイ
蔄 タヽタリ アイタル
蕊 ニウ

茴 キウ
茪 カウ
芶 カ 地草也
蓍 キ 又云耆

葸 クサヒラ
蘴 豐月
芫 ケン 悦月
芉 カン

蕗 フキ　葱 アサツキ　蒻 イ　芜 コツ

芊 ヒ　蒟 コ　葱 エミ　蒻 タク

蕘 セウ ミクサ クサカリ キコリ キコリ　芋 ウ ウン 家ノイモ イヘイモ ケイモ　薢 カツ アサノクサ　葱 スイ セツ メイ クサムラ

蒻 シウ アラシ シケシ サカリナリ 木ノシケキナリ サカエ シキナ　芫 クエン シキイヒ　芋 コ　藚 ケク

蒽 アイシ 蓮日 搶日 蕍日 コムロトヒ イキトフル ウヒラ イカル ワツラフシ ワツス　芫 カウ　芋 カク　蓓

蓬 ロウ　藙 エイ　荒 シウ メハシキ　華 ヒスイ 萃日 トヒカラ イタル アツマル アツム

荷 カ 何 遐日 カラフル 荷エリ タウ ハスノハニ ハチス ニツテ ミナフ　蓁 シム 草盛也 サカリナリ　蔭 イム 稽日 蓓日 蘑日 蘑日 シムラ カクル カケス カクス カケ シル　蒀 セム

葶 ハウ ヒヤウ 蔕日 萍日 ウキクサ アツマル　蔄 キ　蘀 タイ　蕃 巻日 行

（19ウ）

莧 カム ニコナ ヤカケ

葧 ホウ 蓻音 年

蓹 語兩反

蓧 テウ 穐也

幕 墓音 ヌナハ エトワ ミトリハ

莌 カム

葟 ムム ハム又

葔 コウソク

蔕 イ 蒔音 ミクリ 莎草

蓁 木 ハヤシ カタチ ミノホシ ラツス トル ラツ ノトル シホイチリ

莌 カツ

莘 ヤウ

蔉 コム

蒲 セウ 隋音 隨音 峭音 ケハシ サカシ カクル

蓌 サン アツム アツム サト

蕢 クイ

（20オ）

蒴 菀音 ハナ ツムク

茯 フク クスリ ナツマトヒ

蓪 未ー

蓁 キ ワラヒ

莧 ケン 蕒音 ムニヒユ ヒユ ハヒ又

華 クワ

莻 キウ

蔆 リヨウ 菱音 淩音 ヒシノミ

蔂 澤 名 又

蕒 嗅 嚄

蒍

蓫 スイ ー蘧

蓃 サン 檖音 蓃音 トル ウハフ

蘄 キ ナ

蔕 ヒウ

蕍 エイ サカリ
蔯 チン
薫 サウ
菰 キウ

華 クワ カ
蕿
蘯 ハウ
菀 ウ 草木盛也

葦 イ 蘭日 アシ
蓗
蓁 シ
募 ボ ツノル モトム

蒓 シウ
萃 スイ
芭 ハ
蔆 リン

暮 ボ
芃 ホウ 遠野也
芉
茄 カ

蘟 イン
蕽 セン 饌日
芄 カミ
芊

莋 サク
薩 サツ
蔂
蓺

荸
蒪
蒣 ラウ
蓂 クサ

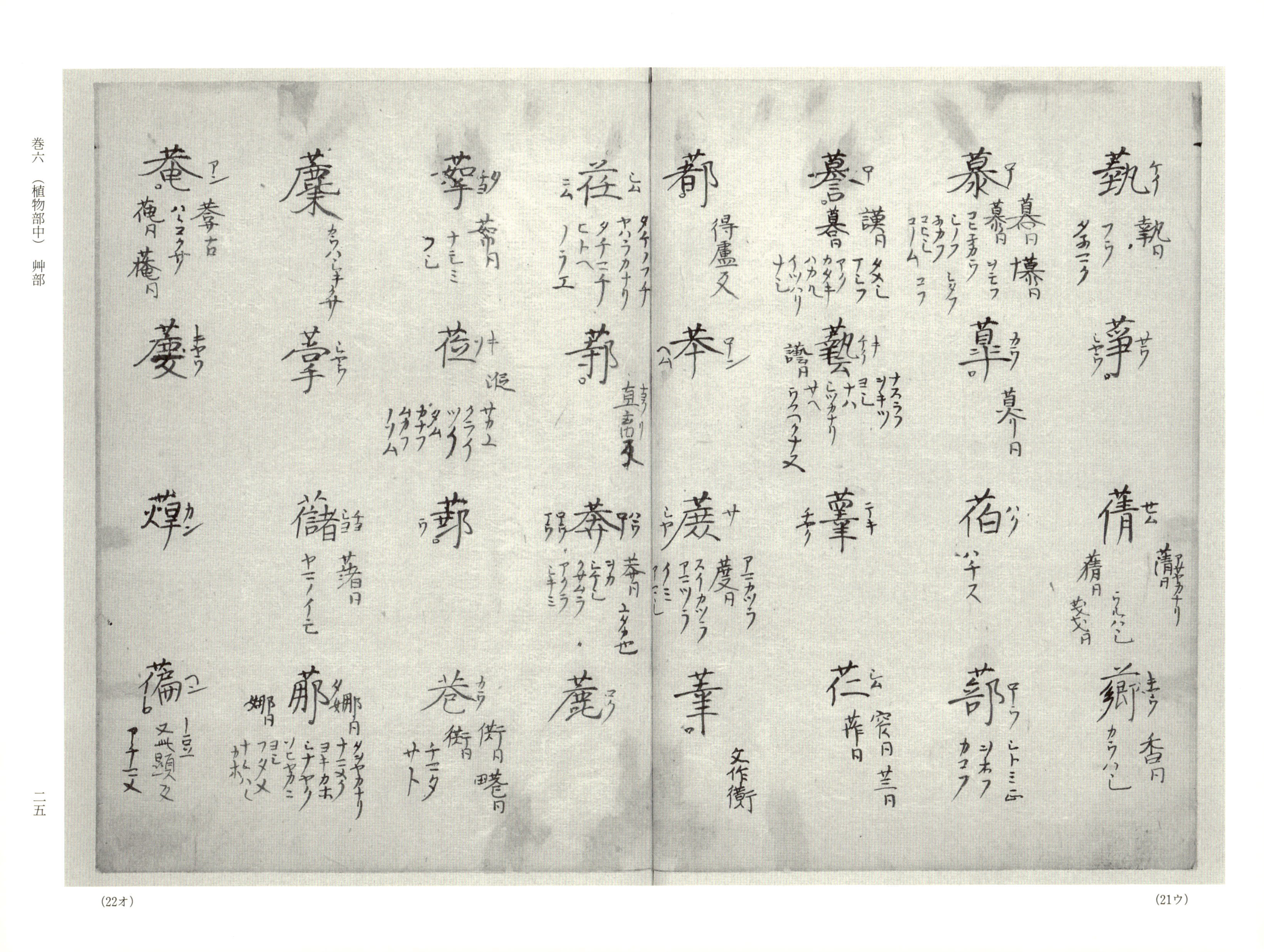

（22オ）　　（21ウ）

蓭 ヨム 又防元又
葎 ムクラ
蕛 ヤ 蕛 蕛同
蘼 ミム 香草 ミキ

蘬 キリ 蘬同 蘷同 オホチノミ
蘰 リウ
蘌 キヨ 不宜也 フセク 蘌同
萞 ヒウ

蓴 ヒン
蘫 カム
莑 チヨウ 萰同
莜 カウ ハラフ 蕪同 蔝同 蕉同 蕪同 蕯同 蕉同 蔠同

蔕 ヒヨ
葾 ヘン アツサヘ
䓝 サ
華 キヨウ 華同 ハス ノ

蒐 クヰイ
萆 ヒ ハイ ヘム ムツ 萆同 コクサ
蓑 スイ シ サ ハナノナカノミ
蔢 ハ

蓞 タウ 闞同 ナクノミル 貞視也
蓎 タウ クサ シロノミル ホナシカツラ云
茆 リウ ハウ 茆同 シケシ
蒪 フ 樽同 シケシ

蔞 草名 ハコヘラ
蕭 シツ
蔬 カクル
蒿 カウ キヤウ

蔆 タ 蕂同
萎 シ 萎同 蘈同 萎同 ワサヒ云
莃 キヤウ キヤウ 蕃同 カシコミル ミミナリ シトロク ヲヤ フレシム ノミル コト カサヌ
蓕 コ

（24オ）

（23ウ）

萎 キウ カウ 萎同
蘠 キウ
蕣 ヲムコロ
蒂 キ 菜名

荇 キャウ
菨 セウ
蔓 タ 蔓同 蔓同 蔓同 蟎同
蘼 キ

蒲 フ ア 蒲同 蒲同 草名
蓩 ホウ 毒草
藝 ホウ

蒂 セキ 茶ーナリ
蘭 ラン アラキニ ミツキ 蘭同
荷 フ ニルニ カナフ シロフセ
蓼 レウ 蓼同

藎 シン
蘼 ヒ スニイクサ
葶 テイ チャウ 切妻臭
菑 セウ 葘同

蘸 タウ ナウ
藟 末ー
芦 コ
葶 テイ ミャウ

茴 キウ
菴 火角久
蟲 名
蒼 カラアフヒ アフヒ

藻 サウ
葆 ホウ
苑 カウ
嵐 ラン 草名

蒻 去ム

莑 ホウ クサノムキミ

荇 カウ キヤウ 莕同 セリ アサヽ ニカサ

葹 カク

薹 去ム

萹 ヘン

菶 ホウ ヒヤウ 古 ヨモキニ正 蓬同 シトヽ カレラミタル ツタトル カハタ子

蘅 チツ 莯同 朮同

薳 ヤウ

薩 サツ 蘚同 アカヽ タスク ヒラテ キクサキ ナリイツ

莨 レイ 䕲同 ムラサキ

蔕 テイ 蒂同 アツ ホソム ワソチ ヒケヽ ワアツ タル

蘅 カウ 荇同 蘅同 莕同 アサツキ 茵同 アサヽ

莚 メ

蓷 ヒチ キヒ

蔰 コ シカトヽキ

蒴 ヒ ミ

蓟 フサク

茹 シ

蓮

蕎 ロウ

茸 ジヤウ ニウ ヒケヽ イラ ミタル タケ クサヒラ正 キノミ キヒヽ ツカツノ ツノタテヽ タカウ ハシ又

蓷 リツ ムクラ

蓱 ヘイ

蕣 ケツ

蓎 キヨ 草名

莽 ソウ

蕿 ムム 薆同

蔦 フ

蘖 サツ

蔑 コツ

菻 草名 与石斛又

蕧 フク

蘪 ミヒ

蓱 ヘイ

蕣 アサカヘス

蓖 カク ミミ

蔄 カク

藁 カウ ワラヒ

莛 テイ ナイ

蕣 ミム 蕭円 キハチス アサカホ ハチス

蓯 シウ スウ ミツレタミ 蓯円 蓯円

蔄 コ 会

蘂 サン

蓖 ヒ 草

蕣 リン 蕣円

蒞 ヒ

菌 ハウ ハククリ イチヒ 菖円

茶 サウ

蓖 コ

蕣 セム

蘮 息離反

蔄 キウ

菜 セウ 蕎円

蘆 ロ アシ イナ

葬 トコロ 都ロ反 葬円

蓧 ヨウ 蓧円

蔛

蒃 キ

蘆 ロ アシ 薬名

菲 キウ

蓶 ヨウ 蓶円 似韮

蘭 シン ハノヒ アタル

藸 チョ トリヤ

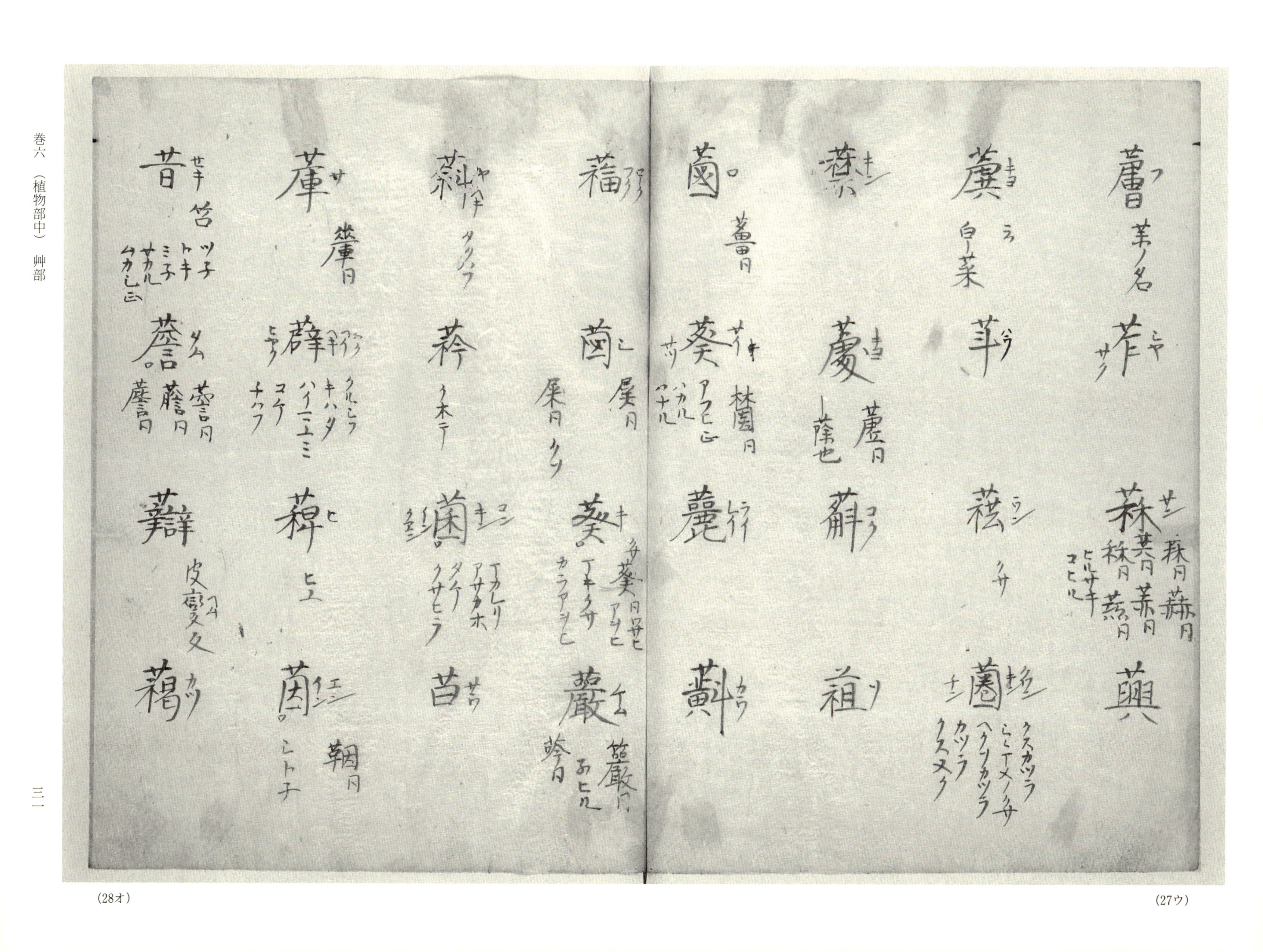

（28オ）

（27ウ）

蕳 コヤ　蒚　差 ナツナノミ　薜 ヒク サク ツカム ワカツ ウツ ヒラス

蔦 ヲ　蔄 イウ　蓸 名　蘼 ナ 草履 クサクツ

薜 サイ　蔦 トウ アツシ トムム ヌカル カタシ　蒠 テン 草ノ　薔 キヤウ

麓 リ カワノ　蕣 ヒ タノミ アサキ アツサ　蔿 イ ミヅフフキ ユルク スカル ヲコク　萮 サイ ツムル

蓍 イ　蔟 ヒキ ツトロ　蘀 キヤウ タク　麤 サウ コモ アノ タテコツル コモクサ スムム ムシロ

蕳 ミチ　蕾 ソウ トモカラ　蓉 ヒウ　蘚 セン

蔦 サイ ツアハコ　藟 サイ ヌレ　曹 ソウ ホノ　莚 イ

薢 カイ トコロ　薵 エン　薔 シ サイ アサヒ アフタ ナヘ　蕾 サウ

蔄 門

薞 アル

薔 シヤウ 蘠円 蕎円 ハリ アラキ

𦾔 シフ

薛 セツ 薜公 ヒタ

䒢 ホシ

首 シツ チチク 䔩円 ソアイ

燕 エン セン 藏円 ツハクラメ正 ヤスミ アハム ノム ツハム ツハツ

蔄 符 蔄円 イチヒ 蕀円

蘭 カム シロツカナリ エラフ ノラフ シロキナリ

昔 ヒ 糸来自正

蒸 則天作孔

荷 ケイ 蘋円 蕀円

春 公 草ノ名

蔄 公 薾円

菴 ヒ 菴円 菴円 エト

蕪 フ ム ヨモキ カラ ヒケヒ アヒタリ カフラ カフラ正

蔄 シヤウ

蓍 カイ ミラノ イタラ

藺 円 藺 ヨモキ 古字

蘑 ヒ 蘑円 草ノ名

蒸 シヨウ 蒸円 蒸円 蒸円 蒸円 ムシモノ シホカナリ ニツリ ムス アツシ チリ フスモル アフル ノフ スミヤカ アモムく トモヒ アツモル

薯 ヒ ヰノカラ ヒモノシモ

蔄 蔄円 萠円

薑 ハイ

薫 コ 杭姑又

芮 ナイ

蕎 ショ

藺 閣 古

薹 サウ ム 薹円 蕾円 蕃円 蕾円 蕾円 蘉円 蕾円 メヒノ クラヒ ハカリコト クサ

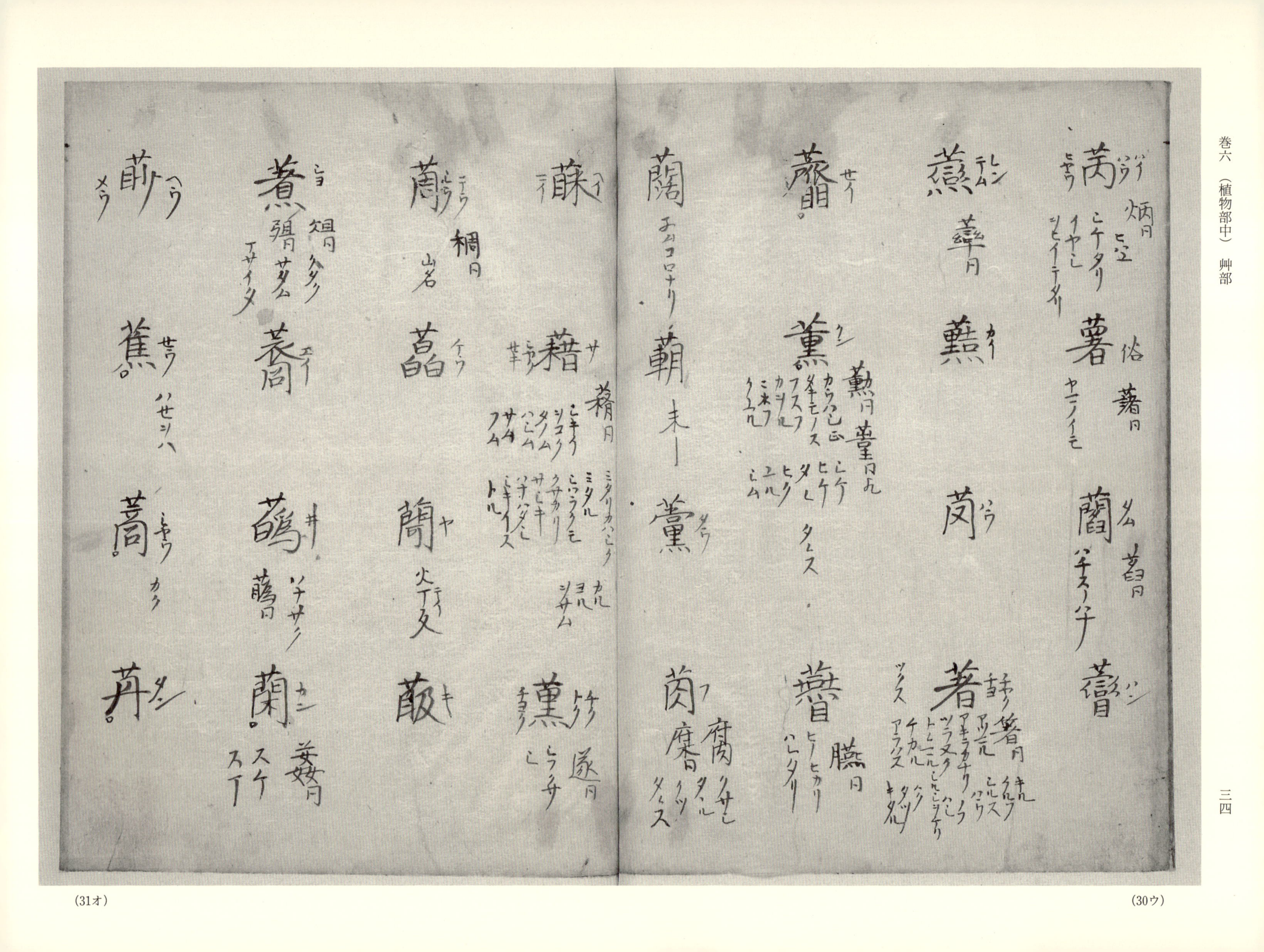

（32オ）

（31ウ）

蕫 サウ ヨムム カムム ツカレテムク
蔏 リン 丁トカニ タヒラカナリ 丁カ工
蘚 セン 蕤冂
蒚 セン 耑冂 圖冂 カメミ アシカ ミタミ

藪 ソウ 磝冂 ヤフ シトロ ノラ
莡 サク
蓊 チ ミケミ
蒦 クワク 六九 カ九

蒻 ダム
蔲 ケウ 草ノ名 アツヒ 亠䴸
蔕 テイ
菌 カウ

蕺 セム
蘼 ヒヤウ 乃信文
藮 ヒ 鞭冂 ハタ ヒル ミ ヒラク アフク
蘿 サツ

菌 ヒヤウ
叢 ソウ
萇 チヤウ 又名
芰 六伶 針頭 水フキノミ 水フキ

葛 カツ
蔺 結シ
蔞 サウ
農 ドウ 農冂 蘖冂 耕也

莄 ナム
蕣 サウ 蕣冂 耑冂 ツカ ハカ ヤクス ヨクル ハフル ハラフ
蒏 シヒ クク
蘸 シヤウ サウ

萬 ワイ
藤 タウ 藤冂
弄 入公
蘡 キヤウ ギヤク

棘 コク 和 ナツメ

蘇 ソ

茾 ヘイ

芙 イウ

狼 ラウ

葬 ミタル

荧

葭 カ アシ ハチス ワサヒ

莨 ラウ

蕀 キョク カラタチ

茾 居渚反

葠 サム

蒹 ケム アシ ワサヒ

莨 コム

蕻 ソ 云疎

莔

蘡 サウ

菝 公 サカ サカシ

萇 サカリ

藁

藟 カツラ フチ

芆 林月 ハチス

藤 セウ

蒙 モミチ

苺 イチコ

蓄

蔓

蕣 リム

蘼 セム

莓 コケ

蕃

（34ウ）

（35オ）

蘘 ジヤウ ニヤウ 蘍同 ハチス
藿 クチ カリ 藿同 アフヒ 丁又ノハ クス ラムキナ 大ヘ 山トリクサ
苗 テキ ケウ サシ シノ
蓫 セイ

萸 カウ キヤウ シロメラ
蔉 ソウ 俗 蘎同 藘同 䕎同 アツニル タムラ ムラカル ミツ
萹 キヨウ
蔓 ケイ 薆同 藑同

蒫 シ 毋草也
董 トウ 蕫同 シケシ アツフ スチ シレフ ハチスノ子 ミナ
廿
蒡 カイ

芟 カイ サイ ヨモキ
蕞 サイ セツ 蕞同 アツニル イヤシ
蘳 キヨウ トウ 潼同 穜同 䵜同 チハタ
苙 キフ リウ リツ カサ

芰 カル ミル アイタ ナカシ タヘ又 ヒサシ ヤシナフ カス ヌク 五大又
荃 キン 苓同 芩同 ミツ オヒル ヒシラキ
蔓 リヤウ タチシ
芝 コ 華同 ハキ 草ノ名

莩 フウ ヘウ 揞同 莩同 葟同 アシノナカコ
菍 ソウ
芋 シ 䒤同 メアサ
蓊 ハナ 蓬同
蒷 イン サト

茬 ヒ
蓀 シ 蘱同 䕋同 シケシ
芝 シ サウト ハ正 アツニル 又ハシセ タチアハセ サハクラシ
荃 セン カウハシ

菫 キン コン 菫同 墐同 菦同 蓳同 䓨同 アシヒ
蒮 テツ チツ アサナ
蓱 イワ
芰 キ 蔆同 芰同 ハチス ヒシ ソラシ

巻六（植物部中）艸部

四〇

(36ウ)

荃 テイ
セウ

薑 カウシ
ナウミ　羊厲久黄一若
　　　　辛菜イナ

䕡 ケイ　獸月獸　チタモノ
　　　　　　　　イネ

苓 蘹　ヒイ　木汁流地曰一
　　顔月　　　　アツヤト正
　　　越月

荳 サウ

歔 クサ　蕕月
　　　　イウ

蒜 ミ　蔊 サウ　ロヒ　スムケタリ
　　　　　　　アシヒ　ミトワ
　　　　　　　　　　　ナミミ

蒜 イウ　蓀 モシ
　　　　　シケシ

荓 マ　　芬　訽月　カラハシ
　　　　　　サカリ
　　　　　　サムナリ
　　　　　　ウハハシ
　　　　　　ニヨワ

荽 テイ　セウ

茎 クル
　　イノレ

醉 カウ

荎 ムラノミ

莖 雞月
　　ラツ

華 ラツ

菷 ツナヒラク

菲 キワ
　　ウスレ
　　コミラ

荻 テウ　蘭月　ニワ正
　　　　　　　蕳月
　　　　　　　アシ

蓀 アヲ　蕃月
　　　　アフノキ

蒽 ウイ
　　シンワ
　　サカリ

䪬 ウ　タワ

菲 カイ
　　チリ
　　カラシ
　　タカナ正

芬 ケン

對 カワ
　　ヒウ
　　マウ
　　フラ

雍 カワ　雛月　ミラ正
　　　　　　　ナムミラ
　　　　　　　シマミラ

蕨 カワ

菶 ワイ
　　シノ
　　サカワ

蘇 ケン

荻 月 ミラ
　　ヤマヒル

蒜 ツチハシカミ
　　アナハシカミ
　　クレノハシカミ
　　月正

蘅 カラシ
　　キワ

蘓 メ

絶 セツ

蓋 エキミ
　　ヨキミ
　　ヤク
　　カラスキ
　　ツマ

（37ウ）

蔚 井 ヲタラカニ メハシキ アチラカニ ナミキ カスエ ウレフ モチ タツ

莊 シヤウ 積古 ヨソヒ 瘥月 ウルム 塲月 カサル

董 タクヒ

蒓 ヒム コモ

萮 ロン リム

壽 チウ

差 サイ サ 瘥月

菜 カナ

纖 セン 夅上 蘳月

茶 セツ テツ

蔣 シヤウ クミ コモ クミク

茐 テウ アシノハナ

蘗 ハク キハタ ヒヨハユ

葒 コウ 渶月 イヌタテ

蕣 ム 蕣月 薄月

芀 ロウ 茄月

（38オ）

蘡 リウ

蕁 セン スナハ コモ

茘 リ カツラ コケ ハイコユミ シヘ

蕖 セン ヨテ

蘷 スイ 蘷月

薞 テツ テフ

荼 タサ 佑 榛月 隮月

蓴 セン

蓟 ナラフ

菜 アツミル

蔾 シウ 葵月

荼 ユタカナリ サカリ

苧 チヨ 苧月 アヲカシ ナシ コレ ナツシ トミ ヒトシ トモカラ

茐 エウ

蘂 スイ 蘂月 欅月 蘂月 フサク ヤメ ツク

蕸 テイ

蓌 シヤウ

芐 カク 岳音

苿 タ

蘊 ウン 佫 藴 アツム フスフ タクハフ アツニ トヽム ツヽム キハム カクス ツモリ アツム ハカル ツミ

芔 ケウ 居包反

蒟 ク

菉 サウ

蒳 ナフ

鍌 キム

茁 サツ チツ セツ

葝 ケイ シヤウ

藥 ヤク

藸 サチカツラ

蓼 ロク レウ 蓼音 タデ 正

葉 エフ

菓 タ 果音 クミ クタモノ正 コノミ

蕴 クツ

蒡 ハウ

菓 カウ

蕴 タツ

蔆 リク 口到反 野豆

葉 エフ セフ 擛音 ハ セウ モミチハ正

蓊 キウ

蒸 蒸音 ツヽム

蘡 リ 櫐音 木名

蘂 シ 蘂音 蕊音 ヌヒ 花弁

藜 レイ ライ アカサ正

蓪 カン 菌音 ハチスノサ ノホリテ

蘡 ハク カツラ エヒツラ 藟音

蔡 キム

菡 ハウ

蒴 クワツ サク

夢カ﹅ㇱ﹅曡日
　夢ノ曡日
　　挫血塗器也
　　曡ㇷ条也赤罪也
　　瑕也鮮也許覥切

藍齒 歯日

荵 ｳﾁﾏﾌ ｶﾗﾊﾁ ｶﾀﾁ

蒙 ﾓﾝ
蒙 ｲﾇｴ

蘱 ﾋｹﾝ ﾛｷﾖニ十 ヱ
蓉苔 ﾋｹｼ
蕗薏 ｱﾘ ｳﾐﾀﾘ ｼﾉｸ ｱｽ
苙 ｼ ﾖﾋﾟﾉｻ
蓮日
夢日 ｷﾀﾏ ｳﾆﾌｷ
葛日

葉 ﾗ
蘂 雉
荼 ｺﾂ 似蘂
芷 ㇱ
白追也

蕨 ﾖ
藜日
ｷﾖﾑ
ﾐﾇﾘ
　蕨日 ｺﾞ仇
　　ジﾈｷﾘ ﾂﾄﾑ
　　ｻﾂﾙ ﾄﾐｻｼ
　　ﾉﾘ ｼﾉﾆ
　　ｶﾀﾙ ﾐﾁ
　　ﾀｶｼ ｻﾞｻ
　　ｲﾊｹﾑ 九

蓝 ｻ
蕗 ｼ
蘀日
　ｷﾖﾑ
　ｷﾆﾈ
　ﾑﾈﾘ

蓮 ㇱ
蓟 ﾑ
菓 ｱﾌ
繋 ｹｲ
繋日

蕢 ｲﾒｶﾗ
蓮 ㇱ
　ﾄﾙ
　ﾂｶﾞ
　ｱﾂﾑ
菊 ｺﾑ
苟 胡貢又

蒙 ｹｲ
蕊
蓉日 ｻﾝ
葵買
蓮 ｷｮ
菊 胡貢又

菓 ﾅﾓﾐ
ｶﾗﾑｺﾛ
蘂
蕊 ﾋｭｳ
薢日
貢 ﾊｲ
蕢日
葱 ｷｮｳ
ﾉｳ
　權日 ｸﾗ
　　ｳﾘｸﾗ
　　ﾌﾑ ｱﾙ
　　ﾉﾛ ｱﾂﾑ
　　允

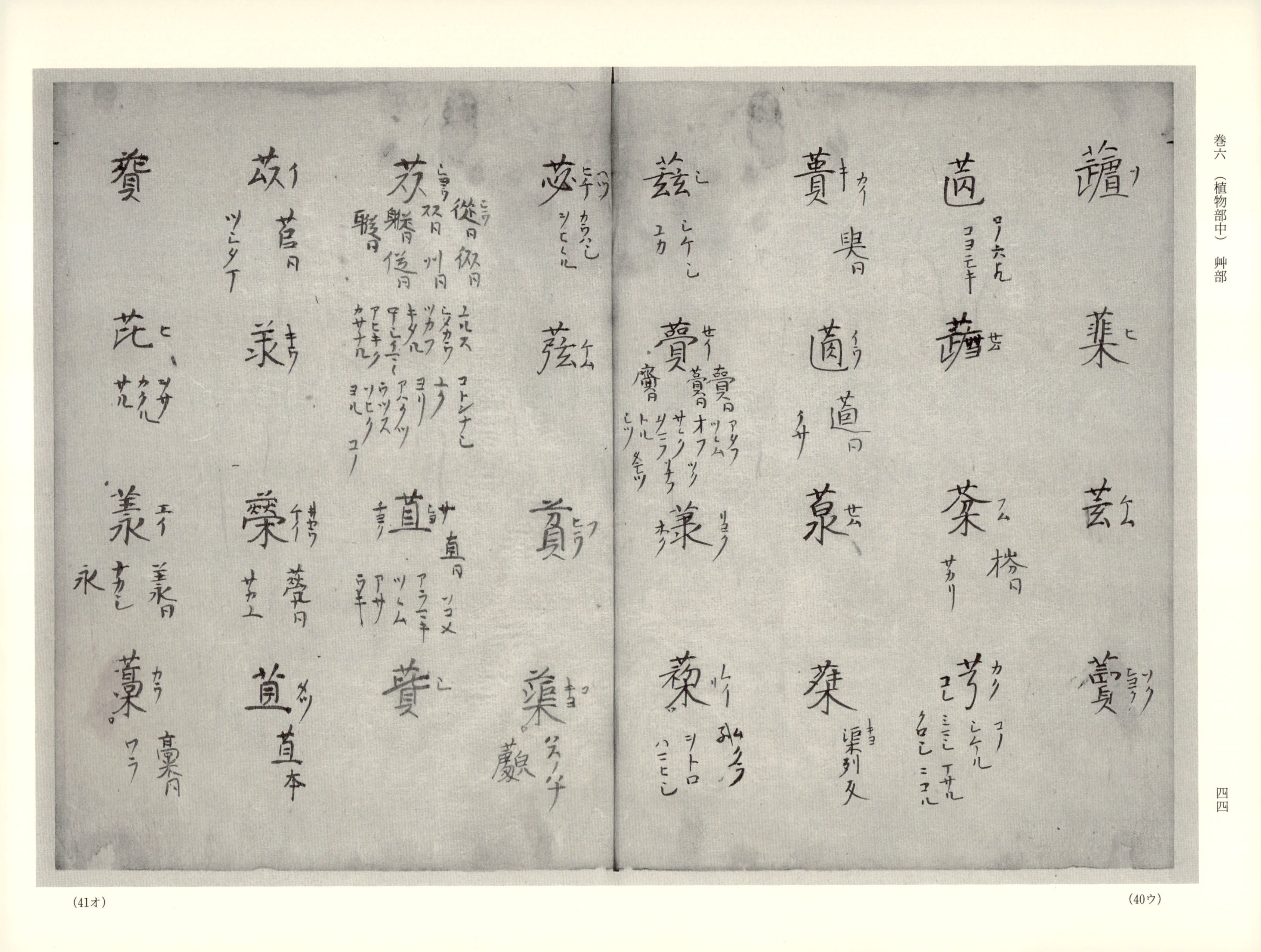

（40ウ）

（41オ）

右ページ(41ウ):

薑 クシ ミ六
薑 カ
蕢 ステニツル
藤 ケテ 鞦
藥 莒 ソナヘ草也
蓙 ムラ千草
ツメチ

藁 未ノ
苑 ハ ヤミラ
酢 ソサ

藻 ヒニ
萱 キ
菹 フシ
蘆 コム

蒔 シ
待 ト
藷 ウ
薙 セラ
蘆 サ
薦 履

蔕 サヘ
菖 タシ
蘆 シ

左ページ(42オ):

蕱 萷
蘭 イクシ
蕛 サエ
ウセ

蒻 ヨ
夢 日
莆 イ
薑 セシ
藁 ヤロフ

蕢 ヨフ
甚 ハム
鶚 クノミ
笋 イ
筆 古
又ム

菶 ヘテイ
苛 カム
茅 千
菜 ライハ
ヨモキ
アカサ
サトロ

蒼 ヤフ
莫 ラ
薨 ハウ
夢 ユム

[illegible] ヒム

艾 カイ タ ヲイタリ ヨモキ ヤスミ

蕈 シン

薜 ミ

蓼 テイ

菄 トウ

荘 サウ

蕇 テム ロ

蘇 キウ

荼 テイ コト ヒハラク ツキ タミ

萦 タク 莱同 ミルミ

苽 コ 菰同 ウリ正 カテ コモ

蘾 カン ツヒタケ

蕻

芍 セウ

茶 タ ヘン 鏵同

蓏 ラ 蓏同・蓏同 クサクダモノ クサノミ カツラノミ

蘾 カン コウ

莝 フ ム ラウナフ

莎 ヤ ワラ

菜 サイ サカンナリ ナ正 クサヒラ クサ

蓏 キウ カモウリ 瓜名也

蕢 タイ

茎 ケイ

芽 サイ 毎

茉 スレウ 芝同 シロタラ

蓏 カフ

蒻 キ ク手

莖 カウ 韶同 鐘同 クキ

芽 カ ケ キサス クチアク ウニツナキ

莱 ライ ロ ヨトロ

蓏

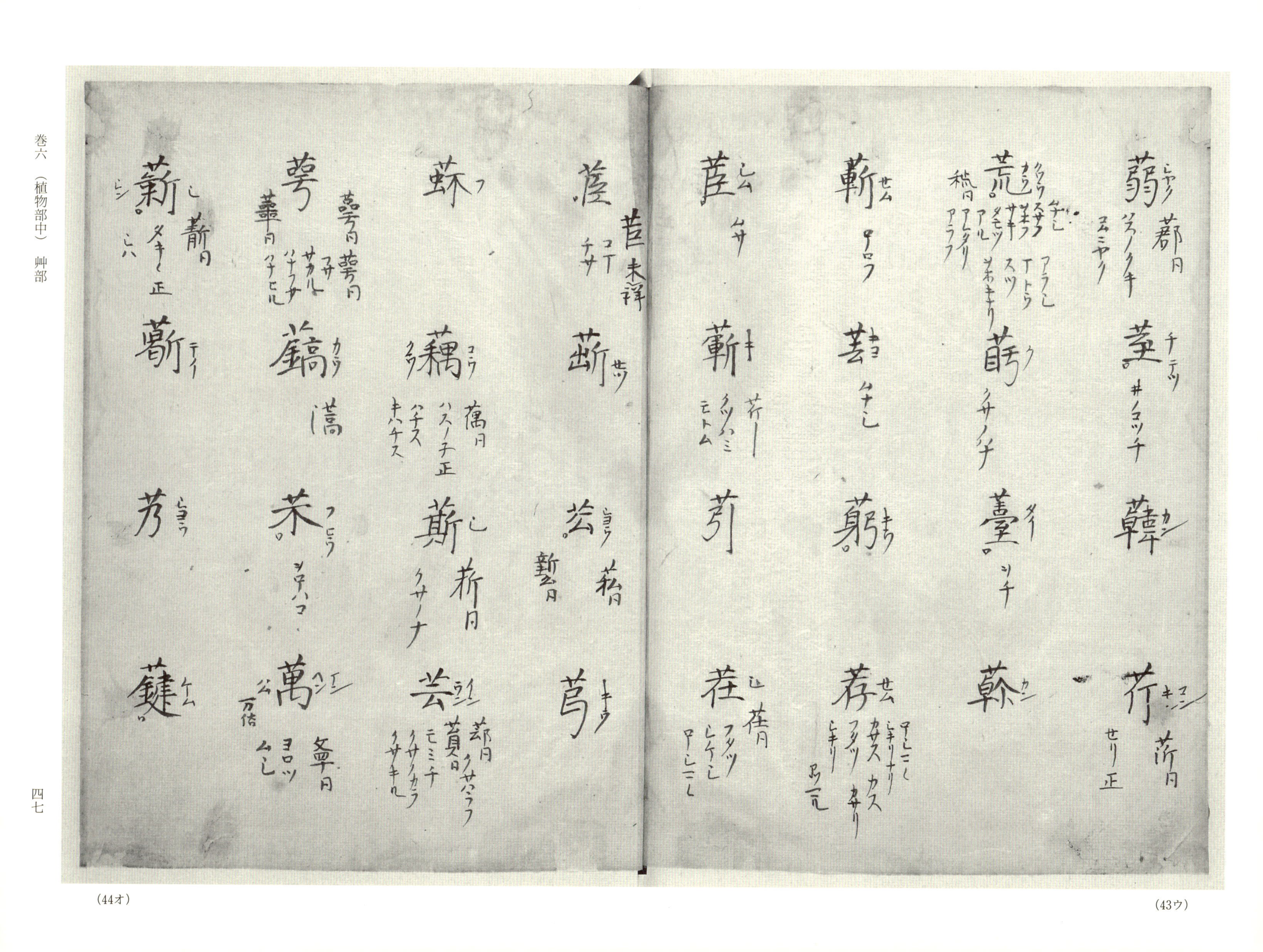

（44オ）

（43ウ）

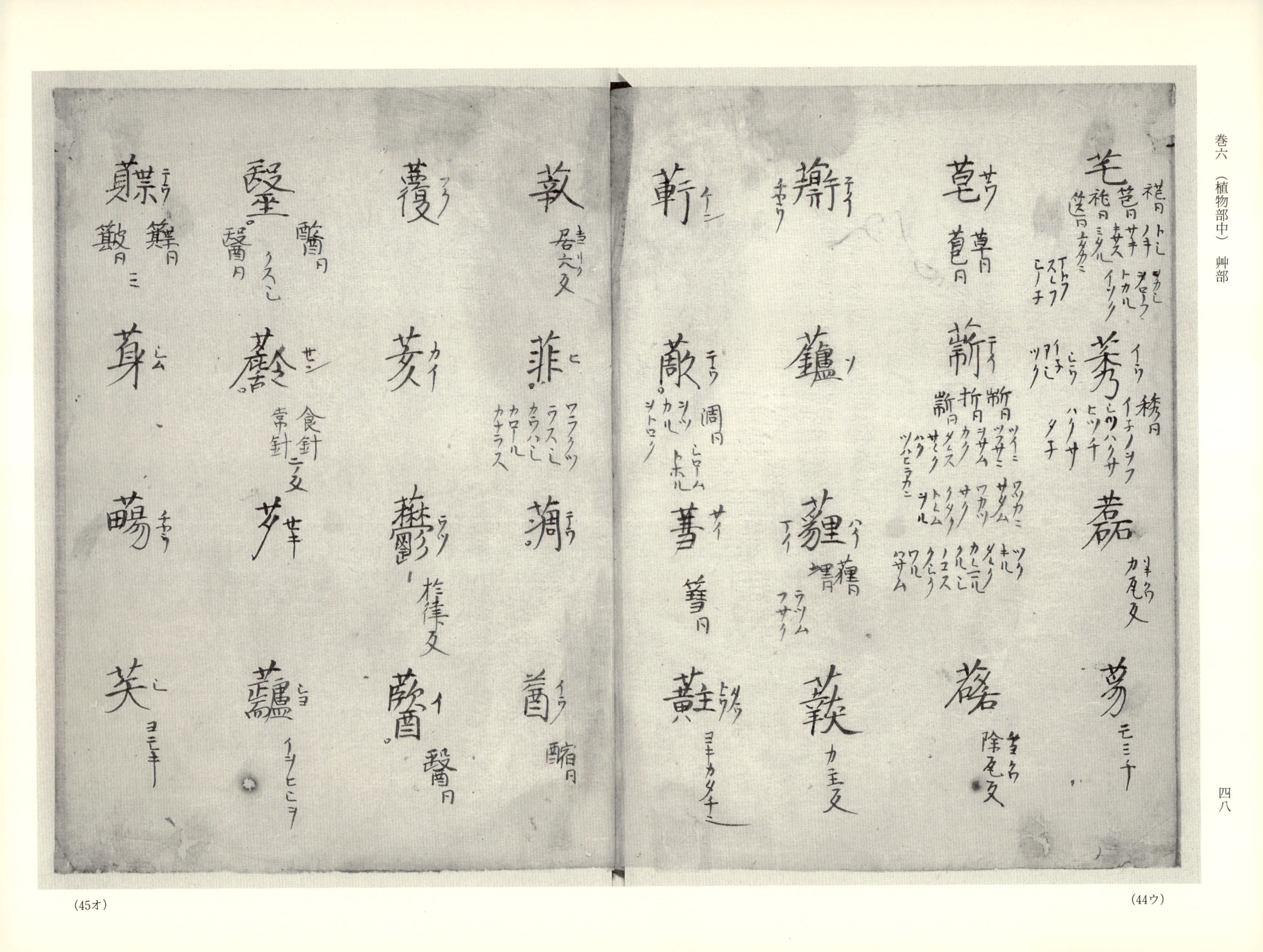

（45オ）

（44ウ）

蕿 清 薸 蘅 茹

蘖 葥 茸 蓉 萻

芏 葒 蘳 黄花

字鏡集第六

應永廿二年十月廿九日写之

澄清ー 萍 ヒルムシロ 蘅 菇
薩 ヤフル サカユ ヒコハユ 蒼 葺 萱
芏 茊 コウ シコT サカノ子 薤 針 黃花 蒼

字鏡集第六

慶永廿三年十月廿九日写之

宝二千弩余貫

巻　七

植物部　下

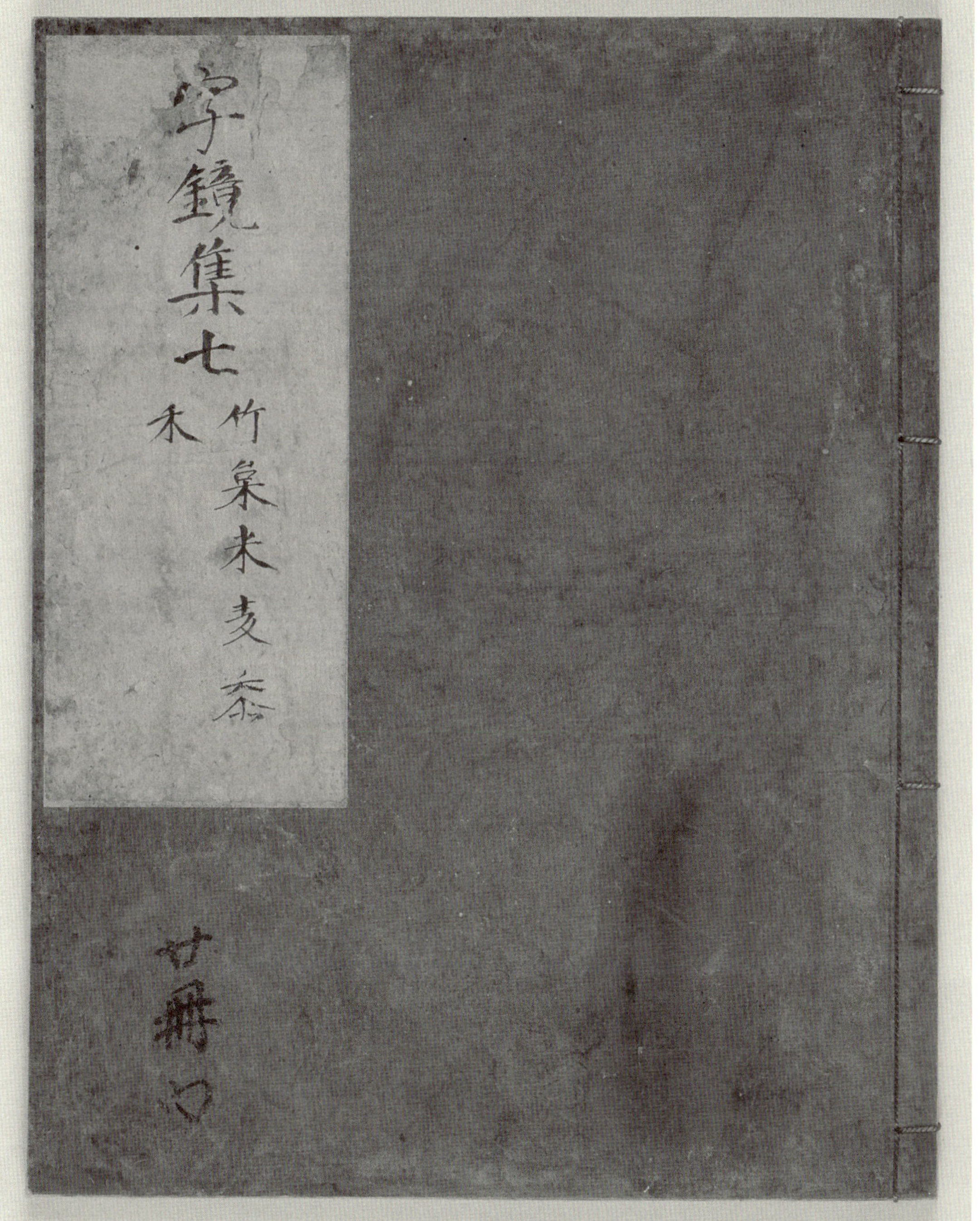
字鏡集七

字鏡集七

植物部下

竹泉米麦黍禾 禾ヘン

竹部

五百九十九字

竹 𥫗 タケ

篠 タケ 胡南反

簀 ト 竹ノフテ也 精

算 サン トル エラフ カス

篋 キ ロク シ 筐同

簿 ハク フタ エヒラ セニル エラフ エラル

籭 サイ コト

[竹+隋] タ 策同 竹ノ名也

笄 ヘン 竹ノクツハミモノ

篚 ヒ ハコ ハコモノ

箄 ハ イカタ

[竹+派] ハイ 匹賣反 [金+箄]

[竹+隔] カク 格同

[竹+奔] ミウ ロ 數節竹 フシノシケタケ

[竹+匚+谷] ハコ フハコ

[竹+陽] タウ ロ 篠也

[竹+隣] タム タケ サヲタケ ヲホタケ

[竹+陸] リク 竹名

筭 サン カス カソフ

[竹+辶+圭] キヤウ ロ 筐同 フンハコ アシカ ハコ シタミ

籓 ハン ヘン ロ 藩同 蕃同 大箕也

[竹+波] ハ 簸同

[竹+阝+道] ヒ コ

笄 ケイ ヘイ カンサシ

[竹+區] ヨウ 竹器

[竹+沼] セウ タケ ウツ

[竹+陵] サ 簟也

[竹+阝+复] ロ 利登反 タメ也

笄 キ ロ 居其反

箇 カウ タケ ハコ

箔 ハク 箔同 スタレ ハチス コノハ

[竹+洪] ロ 胡公反

[竹+阝+彖] ヒ

[竹+并] ヘイ 竹笆也

[竹+辶+更] ハコ

[竹+阝+首] ヒヨ 水澤也

巻七　植物部下　竹部

筅 除斎又
篠 キ
簿 个引篦車也 サ
　筆毛
　　　初祀又

蓮 テウ 中菅
藏 江 竹名
篷 カ 中又 タケノコ
筅 千 財長又

苑 ラウ
莚 古江又
籤 芏 箔月 ウスラクに
蒼 ロ

カウ
筅 カ
莚 イカ 筅月
篦 ロ 箔月 タケのこ
筥 ヒウ 竹名

籤 せ 籤月 ツラスル
　籤 ツラスル
　 タケノこ

蓑 セン 七然又
苑 エ 竹名
笼 ヨム
笹 ヤミ
籍 シ 詠架也

藪 セッ
蓑 筥箋 良月
笼 芸 筧月
甑 ム 茶

籍 らム 籍月
　鎖月
　鋤サム
藏 らム 遺月 ラカラウ
　　　　タケチナ
　　　　エナン
芭 ロウ 竹名
莧 ケン
ヒ

筑 シン
　筑 節月 とらフ
　籍 甘草 鞍也
　箴 キ 笹也
　芭 ハ 竹名

五六

篼 トウ　篼月 ハタコ ハタス
簐 キク　譾月 鞠月 籂月 カナヘラ キハナル ハクムム カクム ツクス イトリ ツクリ シス
籫 キ
笸 コ

筧 ケイ タケコ
篗 コウ
箭 セツ　筲月 箭月 笛月 竹ノハ 竹ノウツハモノ ヱ モツ
箯 エイ　衙月

篪 クイ　篪月 箂節
篼 シウキウ 色求反
籠 ロウ　籠月 コ正 メクル ハクラム コモル
籈 コ

箴 セイ エサ シサ
篪 クイ 竹クム 移
筅 セン 語遠反
篕 エイ　籃月 合 籃月

箚 カリ
箋 ヒウ
篦 コ
箱 ス イヰ ヒウ

篘 コン
籥 サウ
籤 エウ
篪 チ　篪月 箒月 箒月 篭月 篪月 ヒラク ハナル

簡 リム 竹名 ソコメ
箴 ソウ
筦 サキ 七匝反
篾 ヘツ　蔑月 籆月 籚月 タチノカハ カケノツく カムこ カハタチ

箸
簡 ヨ
籜 タク 笋皮 コノハ
義 奥倚反

(4オ)　(3ウ)

巻七 植物部下 竹部

(4ウ)

簿 コ 籠檻セ
籍 ス
籣 ヤシ 他貞文
籚

簔 サン
簑 シ
籌 トム ラム 鞠日
籣 ラム

斬 サウ タヤノカ
箋 セム
籤 シメ タナ
薞 カンセし 蘭 ラム
籔 竹 連閣

簡 カン 棧 シロカミ アラシ ナカウ ヒトヰリ シダ 正
籤 シウ
箋 セム 残日 アラフシ エラフ シメ らしし
簾 セム 籐日 うろしし

拶 ザ シ イカダ タナ 上
籣 フム
簿 サフ 博月 ヒヨし
笊 タケツ子
篝 ホウ 博月 春壽日 ツフシ ルクカ 正

簾 ロウ 籔日 サコ
粍 カラ
簡 ヒム 籤日
箙 竹名

篦 ヒ
產 サン 大笘笘
萩 トウ ヒチリキフク 帯 苔

籍 シウ メタ
籄 テウ 縛文
笙 ここ ひろミノコ
籣 直利文

(5オ)

筩 テツ
篛 タク
籆 サウ 机也
篋 コツ カイツクロフ

箱 タツ 竹名
篩 ケ
篜 セム 扇也 搖風也
篗 アイ 篗円 カクス

筮 イツ
篩 ヨ
篝 ヒウ ハヽキ 篝円
篇 ヘン アム ヤトカケル フムタ ムニノスタル

籆 キヤク 籰円 篗円 鍋円
箏 ヨ 杼円 スヽ ハソク トル クル サクル カサフ イサス
節 セツ 節円 節円 節円 ア円
籥 ヤク 龠円 籥円 コミフエ

籅 チク 棰円
筇 チウ タケ
笋 チン 与軫反 タケ
筆 ヒチ 笔円 ノフ タムス フミテ フンテ イウス

箖 リン
篗 ハク 篗円 収絲者
笛 施忍三反
筚 ヒ 南方名 竹筏

筰 ヤウ タケ
篙 チウ 大管也
籔 笠送
筯 カク 大索也

籜 ヘイ
筝 チン 椿也 ウチツエ
筚 チン 在上
篙 カウ 艪円 サホ アレカ フナサホ フナサシ

巻七 植物部下 竹部

(右頁)
- 箆 セキ タカハカリ正 ヘノ草日 セム 鮮月 鮮 竹名 箏 タケ
- 筠 カ テイ 竿 ハコ 箇 タン タケノハ 籆 リシ
- 箏 テイ ヲノテノ ハコ 菪 タムノ ヒセルケ 竿 ヒカクレヒケすん タン
- 箠 オ堀又 ヲノチ 莙 シャク タケノナ タケノハ 竿 織日 簹
- 譽 エム 橋日 莙 イッ 芽 カス 箪 ヒ騨月 ヒヒトリ ヒヒタミ 竿 ウ 芛 月
- 笻 コ 蓬日笻日 筹 フチヤカタ ヒノ正 箸 リノ 第 フフヒ 莩 草 参 蘄月 捕臭蘄也 罩日
- 筓 コ 笋 サンカス ヨシ 譽 シン 大簫也 第 イースイ タタス イヘ ウラウ
- 箪 テム タケノユカ アシロ 笨 タケノウニ 笁 ヘン 茗 ツッ

篕 カフ カサ

箖 リン 竹名

策 サク

篬 ヲウ 竹ノカハ

篕 フ

箄 ハ イカダ 大桴也

筞 ハツ 箸日

筻 コウ

篙 コン カシ

籚 コ ツエ

籙 カ

箂 ス

笈 キウ

箶 コ タケ

籄 キ ハコ

篕 直遇反

箂 ライ

筮 サ

筶 カウ ヤナキ ヤハス

笅 カウ 笑日 タケツナ

籃 シム 進也

箁 ハウ 竹名

篥 テウ カカリ

筁 テフ ハコ

簋 キ 机日

籀 チウ

箓 セウ

笶 スウ メクム

箈 テイ

籃 ラム コ アミカ

箱 シヤウ ハコ クルマ

箂 タイ
篗 タン
箬 コ カハタケ
篖 リウ

籍 セキ サス
篥 リチ 胡樂也
篴 テウ 蓤ト 蘐ト スヽエ ヒミト エタ
箈 チ 枱ト ハコ 揩ト ウツ サク

篔 ハク 竹名 アツヒ
䉛 タン 楄ト 樂器ノ名
簜 タ 簡ト ムチウツ 筭ト
篗 タン 竹名

筥 キョ ハコ
簹 タウ 檔ト 竹名
箾 サク
篻 タウ 簹ト 單也

篗 篗ト 篗弋反
篰 ヨウ
笛 テキ 邃ト ヨコフエ正 横フエ
箕 コウ 箕ト ハラフ

籠 ミウ
篗 篗ト
箸 カツ
笛 テウ

簥 アム 箴ト タケノナ シサ
箶 アノ
築 トウ 築ト 箏ト 葧ト フサク ツク カク
篁 トウ

簣 キウ 簣ト ツチクレ カタヒ ツチノコ
簗 ツクイ
簑 簑ト 禹頌反
簬 ラク 簬ト

篁 トウ 竹器
簀 サク ツチイレ スナコ カス ユカ 簀円
篥 サウ 大生 ソトキナルサ
籮 ヒウ ハチ

答 タウ 小豆 ハコ
篤 トクン
籫 サン 籫円 ハヒノツヒ
箄 ヘウ 竹名 簞円

篆 テン
筌 セム ウヘ 正 イヲトル物
箆 ヒ 竹名
籫 ケン

篸 ラウ 竹ノ器 簝円
簣 キ コモル
箾 セウ
籩 ヘム エヒラ 籩円

笭 レイ コ カタミ
箸 サク 竹器也
箶 カ 俗文
答 キン シ 口 笑円 笿

箮 ハウ ロ
箹 ラム ロ 竹名
篰 ホウ 角文
篼 ソウ ロ コ

筡 ミ 竹器
箇 カ ヒコ 記 カス スヘテ ツヒヤス ヘテ
箕 之 人 ヒシ 文
篁 ヒウ

筴 キウ ロ
筡 チヨ ミタヒ名竹
筒 ハウ 竹名
筒 ハウ 竹名

篖 ハラフ　筳 テイ 筵之　篔 ラウ 竹器　箈 ロミサシ

筃 タウ　籡 イウ トム 吉弓反　篁 カウ タカムラ タカハラ　篹 セム 篹旨 縢月 饌月

忩 姪妾反　箘 イン　籖 セム 竹名　篂 セイ 列駕車之

篒 ヤウ 竹　箟 レ　篃 テイ エヒラ 茵月　篻 ム ムチノ

筀 ラウ ラウノフエ正 アツレ フエ 笞 地名　笿 ツナ イカリツナ　箘 キン 箬月 ラエ 弁礼 ヤツリ 篢月 ノキ 登礼 [illegible]　箯 ミョウ 竹焔之

筀 ケイ　笪 トウ 六豆　箊 タカンナノカハ　篭 レ 篢月

篦 ヘラ 蒲包反　筆 チ 牟　籃 ムイ 竹名　箟 キ ニクム

籣 タツ 簇月 堌月　篤 ム アニツラ 失御反　筮 七和反　簦 トウ カサ ヲロカサ

（11ウ）

篼 セウ　笙 七和反
籢 ケイ　一
筎 テイ セイ テツ　鋑同
篻 カクル
笽　簩同
篚 ケイ　一
篙 竹名
筒 テウ
簛 エン　竹名
篫 イム タケノナ
箑 タイ　カサ
箹 コツ　十弄反
筩 トウ　ツム正　タケノツ正
篸 セツ
筸 カウ　梁篭
簠 ヨク
篜

（12オ）

筲 タリ
篻 サツ　人短ノ黒貝　又黄ノ黒ノ色
篧 ヨウ　椌同
筀 タ
籌 チウ
箬 竹名
笑 セウ テイ　咲同　タノ　ワラフ　ヨロコフ
筐 ヱミ　竹ノ子
篂 コ　箟也
簋 リヨ　舟中箸也
簪 シン　カンサシ　トシ　先同
笶 他計反
簺 カイ　博類反
笯 コ　紫貝反
篲 スイ セイ　ハハキ　関歳反
簪 サン

巻七 植物部下 竹部

(右頁)

笑ロ 不鮮白ハ

䉤 居甚又

筲 斜逆也

籆 筥也 ハコ ニラ ナツ スナツ

箬 鮹也
篛 舟ノ茸リ
箹ツナ 䉶月ツナ

筕 䉤月
籠也
車蓋

篢キ㐂 イカリ
筊ヤ ハカリコト
籠ヤ カフリ カフフ 枝月

蘆 良古又

筊 サケ メ
蘆 竹名 茎也

箊 カミニ入リ
篅 慈稜又
筊 ケイ 䑳月
所攸安重舩之

篁セツ
筁 茎也
箯 篢月

(左頁)

簋蟲 エラク

筈 尺刃又

笑

籣 鈾月 鈞月

筁 竹名
菎 筍月濂月
䉼 竹䉳也
篤 イ
公

箬 而克又
蒸 タケ
菚 セフ
竹 ヱ

籥 ヘイ 筍竹ヽ
籀 キヨウ 䑻月 若蛄月
籟 セフ 先夜又 析竹

篔
篚 キヨウ 蕢月
筡 月墨

䉼 セフ 萪又
籯 ヒタ 古号又

籆
籄 ム
篢 トム

笁 カミ入 竹炭也
雚水之蓑月

篤 イ
笁 公

（13ウ）

篤 トク ツトム アツカヒ
筍 コウ
箸 チョ
箕 キ
箆 ヒ
筑 チク
簣
籥 テウ
箻 コ
笏 コツ
筯 チョ
簧 クワウ コト
笙 コウ カツラ
箑 セフ
笴 ツラフ

（14オ）

籐 カウ 藤円
簟 テム
簝 レウ タケ
篗 ワウ
篘 ミウ
籐
籅 ヨ アシカ
笍 チウ
篨 カク
簜 タウ 蕩円 大竹ノツヽ
籧 キョ
籅 ヨ 異諸反
箹 ヤク 楽
籓 ヘン ハン 幕也
籍 キク 鞠
箙 フク

籅 ヒミ 篑同 篗同 槐同 梟巣之

篥 リ 薄同 ウスラク エヒラ セニル ノリ

篺 レウ 之若文

籟 キク 䈷同 楝同 ニキル トムム スクフ ツニム ムスフ ツムム ツムム タチコロロ

笣 ヒ 笣同 竹名

篡 イ 短 ミジカキ 白ハ也

篹 サン カク ツクル ツクフ アツム エカフ

箌 ケン 大貞

簳 ワ

籟 キク 菊同 蘜上也

篋 キヨ

篪 イ 褫同 タチツエ

笏 レン

籟 キク 下リ

箐 シヨ 筳同 竹名

簏 ロ 簶同 簗同 フルフ フルヒ正 アシカ

簇 箘同

笏 巨訐反 ミト スチノミト スチ

籟 キク カンタン

箭 ケン

篦 ヘイ 箆同 椑同 ヘラ

簇 ソク 小竹 ヒヒヒ トル

簕 ケイ スヂ

篛 ハン

箐 セイ カタミ

笓 ヘイ ツイテ タカムラ

篨 ヨ 竹名

簸 キ タケノフシ

篛 ハク 傘也 赤箱之

筓 簑同 笄同 屢計反

範 ハン 範同 范同 箍同 ツチ ノリ カタチ

簽 ソウ 箬同 篓同 ツモノヒタミ

巻七 植物部下 竹部

(右頁 15ウ)

- 籔 キ 殹同
- 筋 名也
- 箒 セム 韗 セム
- 籔 サツ 籅同 葛ノ也
- 籔 コホリ 古木又
- 篺 シ
- 箽 コワ 笂冊同 カハリ
- 篗 セム 峷同 九二ノチク
- 篧 コウ 攻同 カクミカク ラヨシ
- 篒 サム
- 籔 タカムラ
- 籔上ム 籞同
- 筠 井サン タカノカハ
- 箳 サ 寀冊同 タツフンタ
- 籡 タケノナ
- 箙 タケノカハ
- 筍 タカンナ タケノコ
- 篤 タケノカワ

(左頁 16オ)

- 筹 ショウ フヒノキキ竹 トウ ツク
- 笎 ヱン
- 笝 鞭同 ヒラウ 陧
- 筠 ン 箭同 箭ノ也
- 箮 竹名
- 籔 敲同 クラウ
- 籔 麹同
- 篝 艸 奴荅又
- 算 ミヒル
- 箘 タケノツく ショ
- 籥 籔同 サン
- 籅 艡 トヤ イワ
- 箟 竹ノ ワラ
- 笋 シマコ
- 箱 コク
- 籤 セニ タケニ キリス フシ タカサトル
- 蕚 ウニ

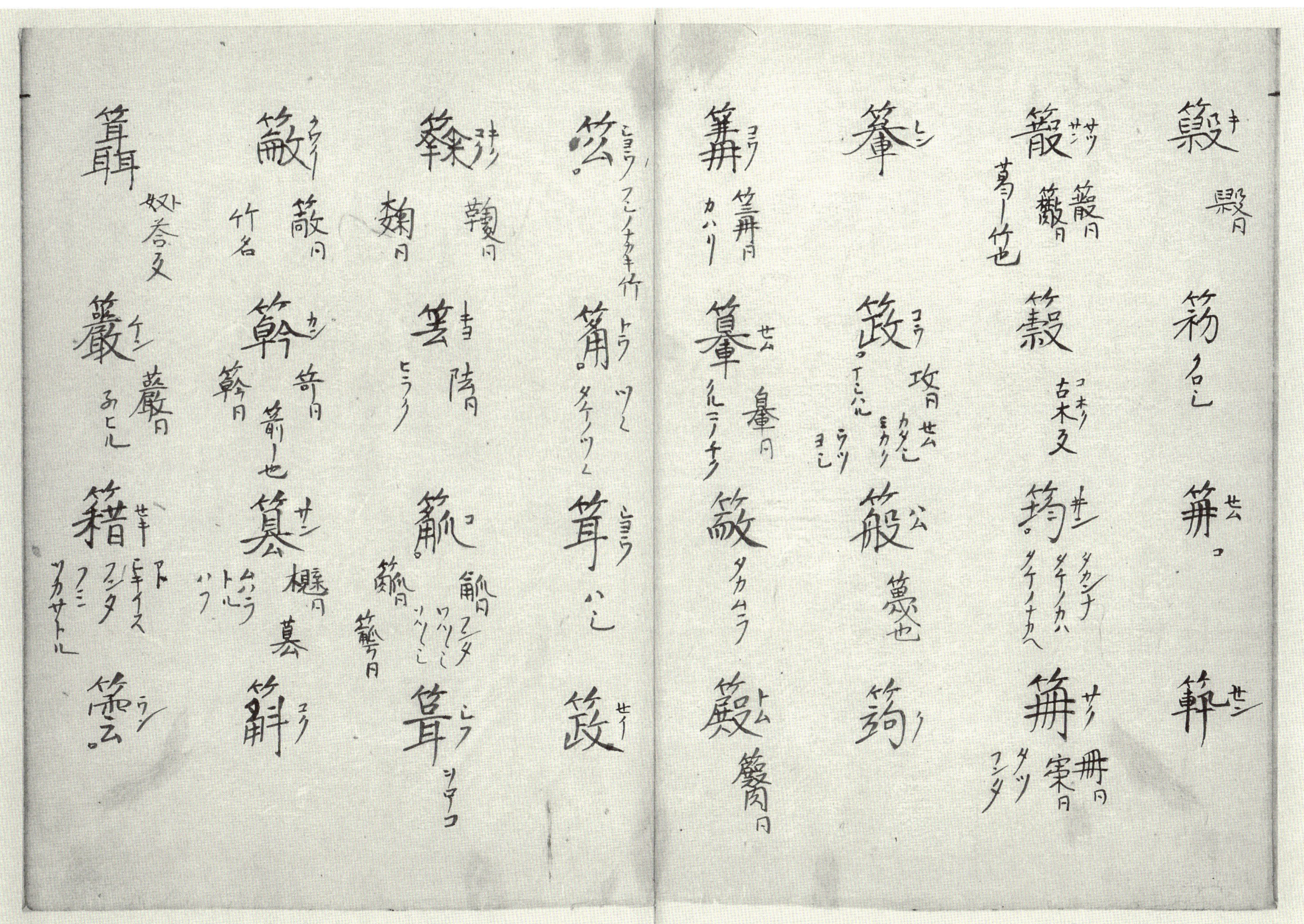

巻七 植物部下 竹部

(16ウ)

籟 タヤ 胡買又 竹器
籡 タヤ 竹器
籢 ヤン 竹器 盛饒器
籠 レン 遷月 盛饒器
篽 キョウ 竹ノツエ
郛 きょう 竹ノツエ
笢 ミン
籇 カン 簀月 合
籆 ヤ 楕月 タヤ
篷 ヤ 楠臾籠
籧 竹籗
節 竹名
剃 竹名
篽 タウ 箭曰
筴 こ
籕 竹名
籬 つメ
籠 竹椏也
鄀 タウ 箭曰

(17オ)

籟 ちゃり 竹
籠 彡
篔 ヒ
筰 ザ 筈月ニム 進月ニム タケノツチ 篁也
箚 竹治又 針刺也
籧 ノツ
篅 キ
薂 カン 塩又
蘞 カミノ合
籚 ロ
籮 リウ
簸 ト 竹名 ヒョウ 艦月 筏類
節 リヤウ 箕月 遂月
簨 箐月 クヒナニ タケノツチ
籃 リョウ
劒 武粉又 笈 トメ コ トリ
蘅 篠也
籝 ノツ
籠 彡
鐘 ちょ 竹

（17ウ）

箃 ヨ　䈴曰

笱 キヨウ　キ土　竹名

雜 サウ　スタレ

箐 セイ

箣 ヘツ　詶曰　竹器之　ワカツ　笍曰

最 サイ

等 トウ　ヒトシ　アエテヒ　ナラフ　等曰　ナシヒ　トモカラ　タクヒ　ヒトモシ

籬 リ　ミツカキ　イカキ　イセ

笩 チウ　樂器

剪 セツ　䈢曰　サク

篪 シ

等 リツ　篥曰

籮 フ　ヒタミ　フルヒ　ヒルス

符 フ　カキル　アラハス　ミナフ　カナフ　ヒルス

劉 リウ　タク

箛 コ　箛曰　竹名之

（18オ）

篿 セム　タン

符 カウ　竹名

篠 セウ　篠曰　シノ　アレロ　サヽ

箾 サウ　セウ

笓 セウ　ムキ　スクヒ　イカキ

等 レン　寺林支　生海畔

衜 ケン　竹　衜曰

筏 ハツ　櫼曰　イカタ正

箾

篷 サウ　篷曰　フルフ　フルヒ　篷曰　篩之

籌 チウ　籌曰　イノチ　カツフ　カリコト　カスカス　カス

篟 エイ　ヤ　箭也

篌 コウ　キ

箣 サン　箣曰　箣曰

簽 ハイ　簽曰　簽曰　似芦

篘 サウ　タケ

巻七 植物部下 竹部

（18ウ）

節書ニ節干月ニ篠ニ蘆也　箘ヤ　笋ロウタケノチ アフヒチ
蔣シヤウ將月シヤウ將月　蔽ヒニ蔽ニ節月 丁レ丸メテ
勸クワン　荏ニム 草席也　籍路月 美竹名也
蒡ラウ 竹名　笹サゝ
䈟 コテウ 房月子フ 芽カヤフ 笆ハウ 委上草アラエ 莚ムシロ
籔ヰノ 竹名
笋ウ 篠ハウ 竹莧也 筎タケ
籗ヨ 篠月 廋也　管ヌタケニ ソタリ 筧月 スヌ カ又 䈪跡月 味月ニ スカタメ エコトコト クチカラ 卜チカラ サウヒラ ワカ

（19オ）

篼ミ 小竹也 笋アレカ 箚
箘キ 薑召又 篭セチ 䈨カリ 竹名 䇷コ ナルヒ
蘆シ 筼サ 䈰ニ 筦ウ
簧ミ 桑豆又 䇿アレカ 鋼キ 書竹昆傷又 笛エヒウ

篩ヘウ 巣器之
篹サン 櫕同
笋シユン 筍同 タカンナ正 シノメ 篿同 ウツキヤ
篅セン 圖同 カタミ アシカ ミタミ 嵩同

籓ヒヨウ フルヒ
籤 上冊反 タケ
篸サン 櫕同
箬 カツラ 吾各反

笄カン クレタケ
簡ケキ 籣同 篳同 カタミ アシカ
篶エン タケ
筌トウ タケ

筬 知委反
筍シユン ハコ 箸之 チ
篇レウ
箈サウ 竹器也

篷カン 簽同 ハコ正
笳カ アシノフエ フノ
箏サウ シヤウノコト
箇カ
笋コ タケ

笠リウ リツ フサノ カサ

枲部一十一字

枲シ 枲同 葈同 イチヒ アサ シアサ
紩チツ
綣ケン 𥿻同 綣同 䊎也
緁セウ シウ ツカヌ

𦇝ラウ 緰也
𦁏タイ シヨウ 追同
綴チ 𦃃同
𦅮テム 緣也

　

糂 ヒム
饍 同 イチヒ

𥻗 ヘン
䭏庖編

糶 ヨウ アサノカラ
麧 同

米部

二百十七字

米 ヘイ コメ
粋 同 チツヒ ヨネ

粆 サウ
鬻 同 カユ
粥 同 カユ ヒルカユ 正 ウル

糙 サウ アサヤカナリ ヨフシヒ カサル スカタ
糙 同

粰 トウ イチノカト カユ ヨコシ コメ
糇 同

䅟 サン イヒスノ トク コラカキ
糝 同 ヒラケヨチ
糁 同

籾 ヘン
粁 ワカツ

精 セイ シヤウ ツクム スコシ イサキヨシ ミツカニ アラフ アキラム クハシ カナリ ヤツシ ワキマフ スクル イナコ コマカナリ

粕 ハク イチ
粨 同

粿 二
粨 同 コ

粿 ヒ ヒラケヨチ

糈 シヨ
粞 同 カテ
糉 同 クミシ

䊦 ヒ
粴 同 カレイ ヒ
糒 同 カレイ ヒ
糯 同
䊪 同

粹 シユ
糕 同
粹 也

糊 コ
餬 カンタチ
居六反

糧 シヤウ
粻 同 子ヘタリ

糯 セウ
糯 同 コメサキ クタケコメ

糢
莫交反 カウ

粘 コ
麹 同 コツ
糊 同
粘 同

糊 シウ
糧 同
粉 也

糢 ハン
饅 同
糆 同

糎 ヒ
糦 同

粜
胡么反 ヒラケヨチ

粘 デム
粘 同 ヒラハル アメ 子ヤカリツク

糧 リヤウ　粮同　𥻗同　ヨカシ　ヱミ　カテ
糇 イ　𥹃同　𩛿同　糇同　餱同　餱同　ウスクニル　クリ
糦 キ　シ　饎同　𩞄同　飤同
粧 シヤウ

[米+昆] コン
[米+歴] タ
[米+蔑] ヘツ　ハツ　ケン
[米+告]　[米+吉]同　吉得反

[米+幼]　与麩反
[米+曷]　胡達反
粐 キウ
[米+咸] ケン

粭　アメ
[米+田]　ホシ
糃 ヤウ　ヒラケヨ子
糲 レイ　[米+萬]同　フワヨ子　ヒタシカナノヨ子

[米+截] セウ　ヨシ
[米+召]　音ハ招
[歹+米] ヘイ　米死也
[米+泉]

[米+廣] カウ　穬同　横同　カラスムギ　アラコ　ノギ　カチ
[米+氐] キ　秖同　琗同　タニし　カミ　サイハイ　アサミ　タし　シヽイナリ
[米+氐] キ　未詳　アカキ
籽 シ　秄同　ミトウワム

粦 リン　燐同　[?]　粦同
糗 セウ　粟同　麵同　麴同　麨同　雉同　粟同　ムギノコ　ムギ
[米+幾] キ　禨同　蕃同　䅶同
籹 ヂヨ　粔同　ヲコシコメ

糞 フン　[?]同　[?]同　クソ　ツチクル　ニテ　ツムクタ　[?]同　[?]同　チツル
[米+摩] ハイ　碎同
籺 ケツ　クタケコメ
[米+毎] バイ　酒醭也

粫 テイ
糦 キ 饎日 イ井
粀 ヘイ
糟 サウ 酒日 醲日 醩日 [illegible]日 カス アマカス サケカス

粺 ラレフ
糟 サウ 麯? [illegible]日
精 シン
粟 リョク 粟日 アハ正 ツヽム スヽ? ニヌ? ワクサ

粽 [illegible] 粽日 名比叉
糒 ヒ? モチ
糅 サン 蜜蔵不正也
粕 ハク 粕日 サケノカス カス

粢 ヒミ 粢日 イロアミ アミ サク ニクム
糠 チョク ニチイ
糗 ヤウ
粽 ソウ 粽日 チマキ 粽日 粽日

紅 コウ アハコメ クミクサ
粢 シ
粐 ホシ
粃 ハツ ハタケ ヨメ

糜 ヒ 麋日 麋日 麋日 麋日 アツカル クハル カタクル アトリ ツチク ワカル アツク 餈日
粟 シ 糧日
糅 チウ 餧日 糅日 糅日 カシ カテ アエモノ カタフク チトキ ニニフ ミウフ

粻 チャウ カテ カリテ
糗 ヒム 繽日 繽日 ニカフ サカリ シワヒ
粞 セイ サイ クタケヨネ
粒 テフ 糶日 糴日 粂日

糙 サウ ミニ
粮 リャウ 粱日 カテ ミニ アハ チミニチイ ウルシネ アハノウルシネ ヨネ キヒ イナ
糷 テン テン 人叉
麺 メン ミ 麺日 麪日 ムギノコ ムギコ コムギノコ カシタチ

秦 シン　秦 同　ハタ　ウツハサ
敉 ヒ　侎 同　粖 同　ナツ
糫 カン　餉 同　イカリ　モチイ
糄 ヘン

糰 タン　シン　ノコリ　アニリ　カユヲアハスル
糳 セツ　チル
糤 サン　饊 同
糬 ヤク　ハチツ　ナカシ　糬 同　カテ　ヤリテ　トシ　粢古　スツ

糲 ライ　スミヤカ　シロシ
粰 フ　稃 同
䊪 キ　ツク
䉼 シウ

䊑 サイ
𥻗 ハウ　饡 也
糇 コウ　餱 カテ
蘗 子各反

粳 カウ　秔 同　稉 同　粇 同　粳 同　ウルシ子　ヒラチヨ子
糠 カツ
糞 ヒ　窜 同　屁 同　ヘル
粨 ソ　サク　作 同　禾稼也

糱 モチ
粄 ハン　ヘン　粹 同　餅 同　糊 同　ソクル　モチイ　ヒトキ　イチテ　ソムク　イチク
績 ハケシ　シロキヨ子
䊔 方臼反

粲 サン　粲 同　餐 同　ミタル　テル
糭 コウ
糶 テキ
糙 サウ　麱 同　ソクル　ミヨ子　モチ

糒 ソウ
蘗 䴳 同　ヒラク　ナヒラケ　ナヒラケヨ子
糰 ヒ　穅 同　アカキ　ヒ　ミヒロイ
糅 ザウ

糙 ツイ　糒 粰同　𥽛 ホシ　𥻘 ホシ

粰 ホツ 朱𥽝也　𥻨 カタカユ コシツ カユ 糰同 カニタチ　𥸮 ヒ アシキヨネ　䊪 ケン

粩 除利反　糛 タウ アメ 糖同 糛同　粆 氷 トク　糐 フ

料 レウ 斷同 ハカラフ ミル コレサムカル ハカル ハカリミル カス テヽニス コトハリ カスフ イサヽシ ハカリ サムカム イタク　𥹋 カレイヒ 餉同　𥺟 力達反　粆 レウ 禄也

𥽜 ラム 𥼞同 ヤフル　糰 タン 餅屬也　粡 トウ 徒龍反　粁 テイ 味食反 アイミヨリ

粄 ヘン ハン コ　𥹨 ツク　𥽇 タウ カクル コツク シホフ　粡 カウ

粓 テン 𥻤同 𥽺同 𥼂同 胡同 酤同 甜同 䊧同 ナム アマシ ヨシ ムマシ　粁 カン ハカル　粑 キ　粣 サン 糝也

𥼻 ロ　𥽵 ラム 糠同 粸同 糷同 假相著之　𥽜 タ　粐 ウルシヨ

（26オ）

（25ウ）

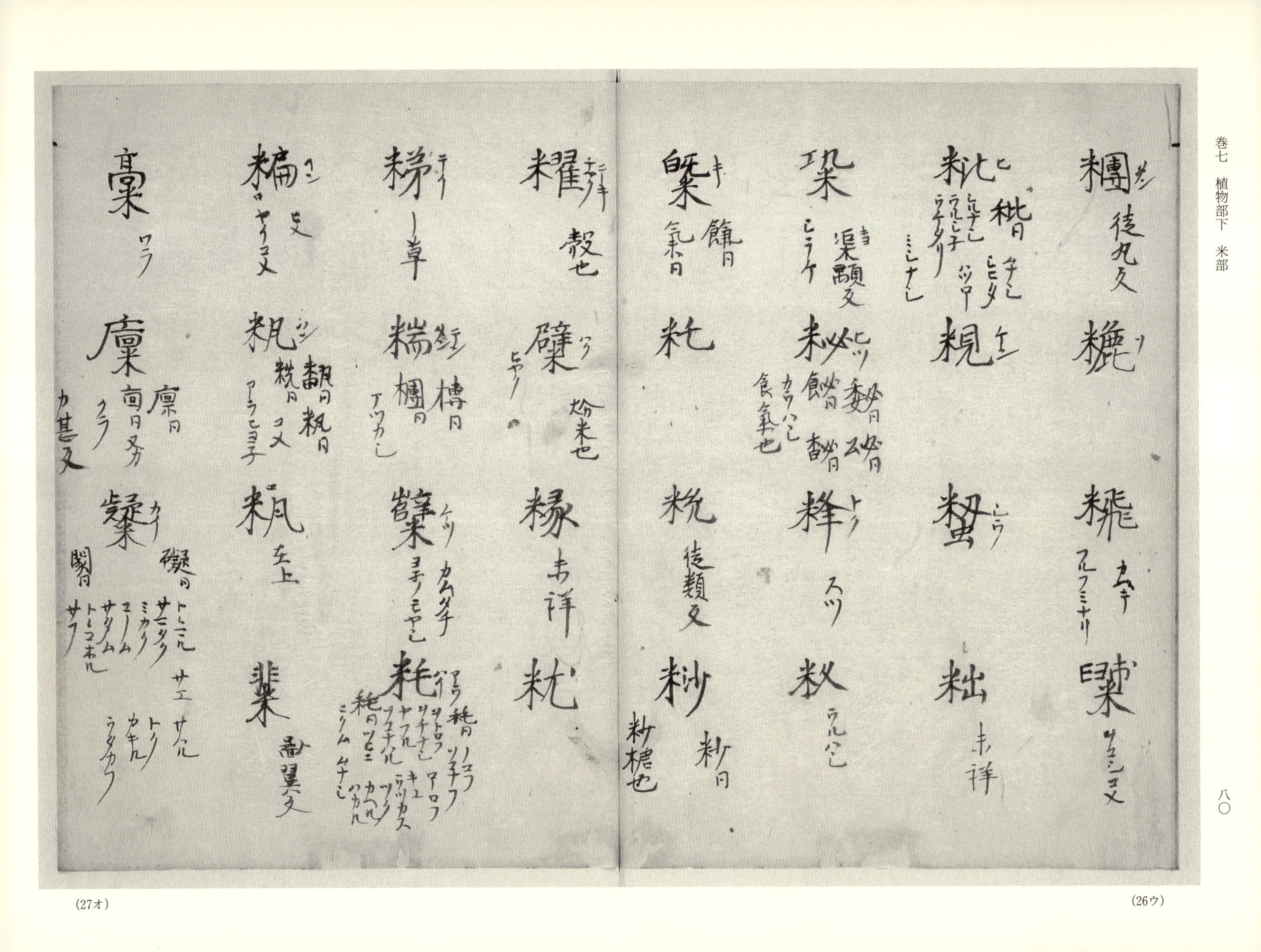

(27オ)

(26ウ)

麥部　八十字

麥ハク　麰音　麦音　年
麫コン　麱音　年ノカムタチ
麯サ　莎佐　ミノリ　イサコ　サヽヌ
麳クワ　カンタチ

麪ン　餺音
麦リウ　オホナシ
麬カツ　カンタチ　年
麴ク　麺　食名

麩フ　佐通
麨カン　ノ
麹コウ　年
麷　ソロムギ

麦巣サ　糗　臥又
麨セウ　ノ　麺音　麪音　年ノムキ　麦音
麦羅ラ　饆音
麦悪ホ　ノ
麦音　麪音　麹音

麦貫サ　年ノタマ
麦去
麩フ　麨音　麯音　コムギカス　年カス　年
麦念ミ
麦畏カン　ミチ井

麦資サキ　麹音　アツムキ　ツムキ　ムキ
麦力リヤウ　タカフ　ヨカス　侵也
麦未ツ　米ノヌカナリ
麦豕　醂音　カウタチ　醢音

麦玉ミ　殖音
麦斗
麦山サン
麦圭トウ　餢音　麥兪音

麬
麯 カウ
䴸 キ 俗 秸字乞
麭 カン 全麦麹也

[illegible] スミヤカ カスカナリ [illegible]
䴴 カク
[illegible] サ トクムノ
[illegible] セイ

[illegible] テキ ムギノカ
[illegible] リ ムギノサウ
[illegible] ヒ
[illegible]

[illegible]
[illegible] ムギカラ
麵 ヘン 麪
[illegible] テム ナム 甜 俗
[illegible] コ 未詳

麦比 ヒ ムギノコ
[illegible] ムギ
[illegible] 未詳
[illegible] コウ 又古老文

[illegible]
[illegible] タウ 餹 食飲名也
[illegible] ヒン
[illegible] 未ノ

[illegible] 俗 罷俗
[illegible]
[illegible] コツ
麳 ライ

[illegible]
[illegible] ケン
[illegible] レン
[illegible] カウ

黍部　二十二字

黍 シヨ

黏 デム

黎 リ

黎 レイ 黍也
𪏊 ヒ
黐 タイキ チヤシヒ
𪐞 香月 黏月 カウハシ カ

𪏆 ツ モチ
黏 ネン 黏月 黏月 黏月 黏月 黏月 黏月 コロフヒ タミ モロフヒ キヤヒ ヒトヒ ヒトヒカラス アラヒ

𪐕 サシ 麪月 腸月 トウシモチ モチ
䵑 ハイ ヒ
䵚 チヽ チヤヒツク 黏月
𪎭 サイ 𪎭月

𪐴 トウ
䵗 ホク キヒ 一文
𪏉 キン モチ
䵟 クヱン イロカス

禾部

三百五十八字

𥝲 カウ 䅗月 アハ イチ ヨコク
䆐 セム
秆 カン 稈月 稈月 稈月 ワラ
被 ヒ 水祖

樺 クワ 䅡月 破瓜也
𥢸 カイ 穭月 ウルシチ スクモ アラキ香 ヌカ カミ カハ カク
䅨 エイ
科 クワ 稞月 トリ カラス ヤキ ワカツ ツヽミ ツシリ スミ ハルカ トキ アキハツ

𥡝 ム 𥡝
𥟖 セフ 葉月
秴 カフ 桂也
𥝩 ヨク
种 チウ イトケナシ ツサナシ カミ

穫 カク カル トル
稔 シム ネム トシ ミノル ユタカナリ ツモル
械 ショウ カツ
秞 シン 申 月
秩 ヒツキ
穢 ヘツ アハ 穢 月
稐
秫 和名 又如
秋 シウ 龝 月 トキ
稭 カツ
稔 トシ
稢 カン 咸 月
秆 羽倶反 不秀也
稉 カウ 秔 月
穙 聚也

粉 フン 黺 月 稰 月 黍屬之
穳 子計反 穳 穫之
秤 ヒヤウ 秉 月 ムラ
秩 チツ ツイ サトル ツイ 月
穙 ホク 穙 月
稌 ヒヨトヲ トミ イモ
穖 キ 穖 月
秄 シ 秄 月 モトヲツム
秧 ヤウ イナヲハリ
穣 アウ 茂良也
稽 ケイ 七浪反
稵
稨 ヘン 阿ー多羅也 カル
稄 草名
稢
龢 コヽハル

秖チ　稓 タイ エイト　稕 ヒミ 稕同 穙同 禾稃也　秡 ヨウ ヌサ ハラヘ 祓同　穖 シ ニケシ ナカシ

穙 ヒ ヒシ　穢 アイ エ 穢同 テキタナシ チカラハシ イカル ス　稕 イ 禾兗也 ヨシ　稷 ソウ 稷同 ススシ

稱 シヨウ イチノカウ　穲 レシ　秪 ト 穀之　䄦 シチ ナイイ

稄 シヨク　穔 クワウ 野禾也　穅 カウ 穅同 アラカス ヌカ　秪 ヒシ 秪同

稊 ホウ 禾秀苗　秧 於雨反 禾苗種也　穊 ヘウ 秘也　榜 ハウ 種也

秲 シ 蒔同　稂 ラウ 稂同 ミナシ イナクヒ イナキ 粱同　穑 ヘウ 禾不秀也　秺 外 秺同 ツカヌ 麻属也

穜 トウ ワセ ヲクテ　稝 イ 束也　稪 カサヌ 禾福　穇 ト

穬 カウ 在上ア　稽 イシ ヒミ ナヨシ　秫 シ コロキカス　秩 チツ ラウ

稓　奉音反　䅵エウ　秕不也　穚キ　𥟖同　稊テイ　稊同　ヒエ　ハヽノ　ヒエ　サヽサ　ハナ　ニレナリ

秡ク　秙コ　苦谷反　禾也　秜ヒ　𥟖同　穲リ　穲同　穐　モチ

秎カ　移也　ニレナ　ヒケ　穫キャク　穮　渠元反　禾黄也　秺チャウ　コムキ　チヒサシ　䅯同　穧同

秐　クロキ又　秮ヒ　𪎭同　穟キ　𦾔同　穮ヒン　祖殷反　クイ

稍セウ　梢同　穡トク　チウ　蓄同　ヱチ　タハ　アツム　ツム　秿ヒツ　ホツ　穠ジョウ　ハチノカタチ　キヨ　キヒシ　穠同

机ヒウ　物机也　稈　烏禄反　穰ジャウ　ニギハフ　ユタカナリ　シケシ　稀キ　稀同　マレ　ヒトシ　マハラナリ　スクナシ

穮ヒウ　秋イウ　秌同　稺チ　チヒサシ　イトケナシ　ユフヘ　ムカシ　イナクキ　イナモト　秎フン　禾ー也

和クワ　咊古　䶝同　アマナフ　ヤハラク　ヤハラカナリ　トヽノフ　ヒタカフ　ニコヽシ　ヤハラク　小笙也　秠　クヒ也正　穛レン　䅐同　穛同　サク　アカキヒ　ノキニヒナリ　穛ヒツ　ヨロフカナヨチ

(34オ)　(33ウ)

稈 ヒラ
穓 ケイ　穓同　ハラヘ　ワラ
稿 カウ　藳同　稾同
穛 アハノカハ

𥝱 初立反　タチ
程 テイ　アト　ホル　ノリ
稯 ハン
稂 ケン　禾黍之東莖

穣 コウ　地名　禾皮也
秋 ラン　タノクサ　クサキル　ハラフ　トル　ヤハ
秤 ロウ　弄同　挊同　サナアツク　メツル　ミモアツク
梳 カウ　トムル　ヤトル　チカラ　タチヤハル　ヌク　クタク　シホヤケモノ　イハフ　カス　ミクス　イタス

穢 イヘクルニ　ナカチカラ　タチチカラ　タチニツル　イスツヽ　ノタノ
秅 ハウ　稿同　迄同
枳 シ　カラタチ
榅 ラン　蒀同

穊 キ　アムナリ　キヒシ
祥 シャウ　祥同　ニサシ　キヨシ　ナカシ　サカユ
穡 シヨ　穑同　穡同　アキツサメ　ナリクヒ　ニキハヒ　カリヲサム
秵 シヨ　臭草也

稈 カン　ミレナリ　ア
種 セム　アハタクリ
秏 カウ　耗同　毛同　シナナシ　ソコナフル　ツヒニ　ヤフル　ノコフ　ヤロフ　ヤフム　ウツス　ツクノ　シトロフ　ソコナフ　ヘカル　カクル　ニクム　チシ

稃 カク　柞木檜也
稘 ヒヨウ
秔 コツ　麩同　コメサキ　アラモト
稿 コウ　狗同　犒同　稿同　イヌ　エヌ　エ文

稃 サウ
穐 セム　稗同　ミシナリ　ナツリ　穜同
稂 コン　タサ
稚 イ　穉同　稚同　ヨロキナリ　ナヒカヘ　ニツス　チカラ

秼 ケイ
秴 カフ 似禾禾也
稨 カラス
秅 ハ

穙 ヒ 美 コトニナシ 養 カタミシ アタヤカナリ ヤム アニシ ウルハシ ウニシ
稜 ロウ 錂 フルフ イナツカ カト 棱 ソハ
秙 コ 黏 在上東ア
楊 カツ 稭 カラハシ 擧木皃也

穃 チウ イナタハリ
穑 チウ 稓 ツカヒラ サヒタツ ツクノ ハヒラ 𪎭 コトチ サラ タツ 國
積 ワン
稓 コウ 酷 似来

租 ソ ツヲチカラ カヒツク ツム
秂 武妾反
稽 ソウ ムナシ クラシ
秼 ソク 迷音

秳 キャ
稍 ヒウ 糟 稍 スクモ ヌカ
稅 ヘン
稐 アイ

植 チョク ワセノタチ ラフ オヤ子
秸 カツ 稭 稭 ツム ラノ
稭 カツ 藍 カツ 稭 ワラ
桃 タウ 桃 イ子

穐 ヒ 稲ノ名也
穇 ロウ シロヨネ
秮 カツ ナカテ ノコリモチ 稭
稽 キ

穳 アサクル
穓 ヒ イチノムラサキ イキナリ
稕 シウ 秉
稲 ヒ トウ ツム

(36オ)　(35ウ)

(37オ)

(36ウ)

巻七 植物部下 禾部

(37ウ)右頁(縦書き、右から左)

- 穉 赤シ 稲多シ 穮 名シ 穬
- 欓 セフ 穮 ハカテ 稲 ヒ 稗 イヒ ヒラケヨネ シトラフ
- 橢 シ 欄檻也 株 ミサ 穮 ヨフ 穮日ヨキ ハカリ カナワリ タクロフ ナツクラ カラムシ アク アムシ カナツリ ノソニリ
- 穮 ウ 穮曰 穮 夕 穮来殻
- 穮 吉鵬曰 裸 南人ノ皂也 棟
- 桴 エ 棵 幼ダカ 秒 六歩 襟 ケフ 草菜上也 稜ノキ
- 穎 サフタチ ハラフ 椰 晩禾也 椭 梅櫨収乱草
- 穰 シ 穮日 タタヤハリス タクヒカナリ ニヤラカナリ ヤロシ 榾 チ 穮日 声麺也 稠 トモナカラ タタナラヒ
- 樔 シラモ 樱 ジ 稚日 穣日 穮 多 椭日 稙 日ハミ
- 稍 さやえ ニヤく アクロク 榑 ワサヨ子 椪 穘曰 穘曰 褪又 稲 穘 日ヒトラ ミ
- 桐 アタサカりた 程 シ 穮 リヤ 穮日 ニヒトラ 稲 穘
- 稍 シ 檍 シ 遜日 稷 ヰ 十エ

巻七 植物部下 禾部

(38ウ)

稻
　禾死也
　稽曰
　稽ツ
　稠ノ子
　櫚 未詳
　好蔓ヌ

樋 未詳
　柚曰
　モノサカリセ
　稽 コツ
　稠
　きミ
　トミ
　カセル
　ミナハカリ

稍ニ
　稍
　ムキカラ
　ムキカヒ
　趙曰
　稠 コ—陽縣也
　移 カヒ
　イモノカヒ
　釋 カラ

秀ニ
　蕎曰
　エノコクサ
　ヒツクサ
　ヒツチ子
　ツクアシ
　稻曰 稽曰稻
　イ子
　稚ヒ
　ムキカラ
　ムキカヒ
　趙曰
　稠 コ—陽縣也

稟
　廉官ヌ
　悖曰
　ムツク
　イタム
　トリュク
　檜 ツムツモル
　棚 蒲尾ヌ
　未容也
　稠 コニ
　綱曰棄
　棄 稽曰遁曰腑曰
　…

(39オ)

稈 カシツク
　悖曰キ
　イタム
　ハフシ
　ハフル
　楼 井
　カサヌ
　ラフシ
　ススル
　棚 蒲尾ヌ
　未容也
　稠 コニ
　綱曰棄
　塵輪稠也

櫕 サン
　薯曰禮
　薯曰贊
　稠 菊曰
　ヌウキク
　カハラヨミギ
　穀
　穟 千渡ヌ

枘 シ
　央曰
　積 キム
　きよし
　秒 刈
　古利
　鏧 リカシ
　トシ
　穊 ヒツ
　黍曰香

巻七 植物部下 禾部

右側ページ（39ウ）：

檉 テウ 營曰 イトカフ ヰトリ ヱコト ヰタム ツくル
　　柄 御名也
　　積 ツモリ 積賣曰 シク イナツカ テウ アミタル
　　　 ツモル チタクリ タクハフル ヒタモル アリス ヒサシ ナツ
秋 シケル ツカサ シモムク イトナム コトニ ニツヽト ツトム
　　欋 禮月 モチ アカレリ
　　稽 苦撚又 タクナ
　　穎 スタモ
枸 モノカク
　　致 真利又 チ
　　穡 禾長皂也
　　椀 ヲ
穥 シ 禾月 檀 スク
　　穢 スタカイラ ツクタ
　　穂 カイラ ツクタ アトラ
　　耕 胡戈又 楢頭也

左側ページ（40オ）：

穣 ツョリ 糠曰 サトル
穤 ソウ 糠曰 ナニチ 正
　　楓 梵月
　　稚 チ 椎ヲサナコ
　　穀 ヨコヒ
　　穫 シサニ チヒサシ 椿曰
　　榻 ヲサナコ 稚也
秸 禾稼也
　　橋 サ
　　㯦 スクモ ワカ ワカイネ
　　櫏 檜 檜 橋 サツク
　　種 小穣也
愁 モトヱ
　　椎 キ 椎月 ヌキ 名モキ
　　稽 カツ 香莱也
稚 ヒタ 雛雉也
　　秘 ヒ ヲハセ
　　稻 シ 稽月 一似鍾 六似
　　稼 カホノモリ ミヤシロ ツクリ ウヱ ナヘ ナカ タチモニコミ ニキシ シタク

（41オ）

（40ウ）

秒 ヘウ 禾ノ
稑 ヨク 翼同
稊 カウ 荒同 芋 アラシ スサフ シヲイ アトフ アレタリ カワク
稰 セウ 偦同 醮也

攀 ハン 攀同 扱同 イト ヒク イムイホ
秣 タ 梢頭也
穥 ヨ 薁同 キヒ
稽 タウ

稾 カウ 藁同 稾同 槀同 ワラ
秬 カラスムキ
秀 シウ コトくし ヒテタリ ヒツ ヒイツ クツ コトミ ナカシ
秊 ネン 年同 稔同 スエ トシ ノス スクム ツクム

粱 リヤウ 力 キウ 畱又
悉 キノ
季 キ 𥝩同 李同 シハリ スエ
𥠖 ホン 奔同 偆同 驃同 シモフリ サル フルル ハシル

樓 ロウ
剃 ワウ 禾ノ 讓也
秂 シン 欲結末
盉 タ アツモノ

香 エイ 蘭 俗 衣 商同 覔同 ホトリ ソテ ラヘ
案 タ 於且又
䆃 タウ
秃 トク シツ カフロナリ カタクノナシ

秦 シム 秦同 𥢆同 ラツナサ ユタカ
柴 シ 積也
染 キヨウ 栄同 稍也
稡 スイ

穢 カラ ムナシ

(42オ)　(41ウ)

字鏡集七

此巻写本二丁

先為本依

應永廿二年十二月十日写之

巻　八

動物部　上

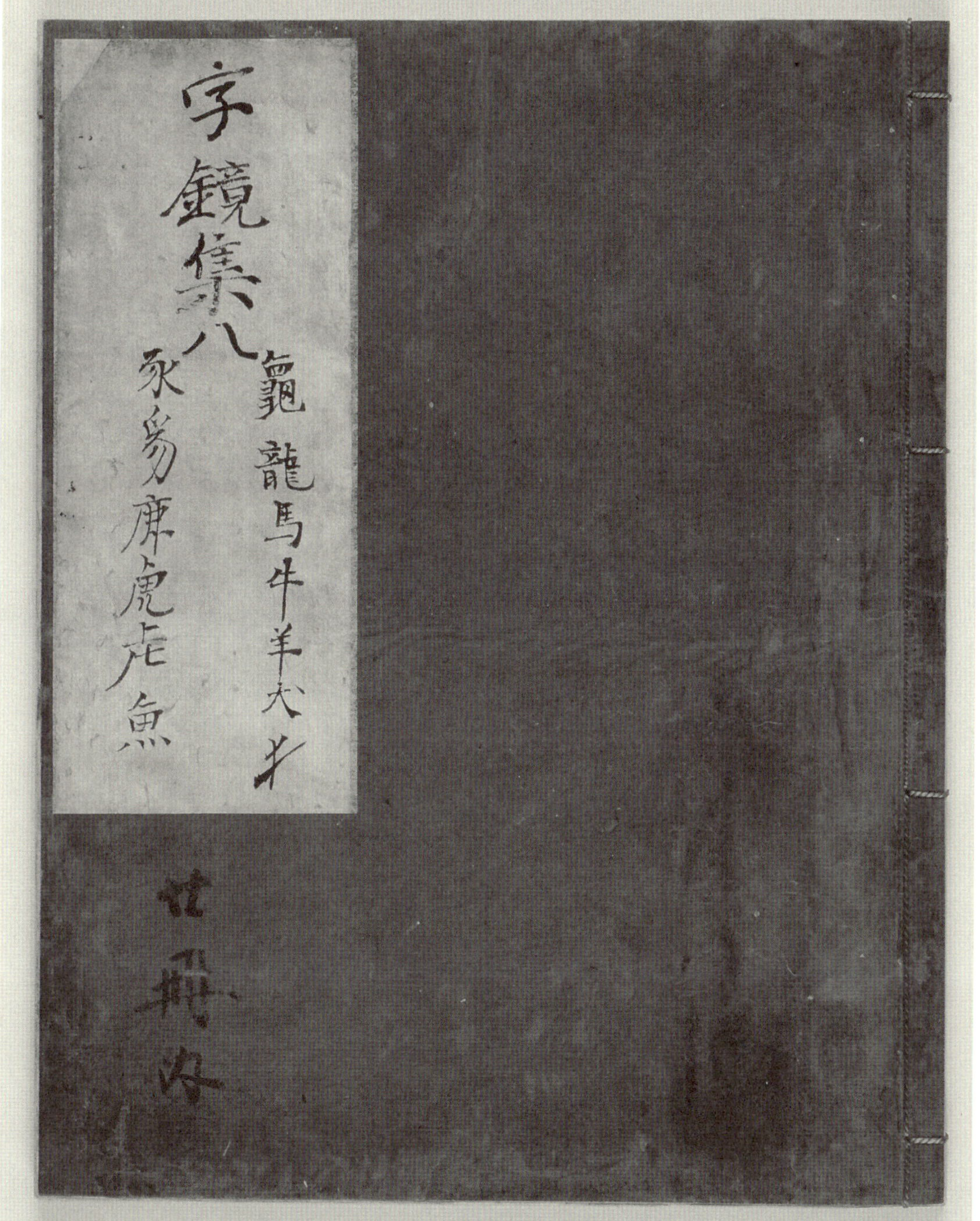
字鏡集八
龜龍馬牛羊犬爿
豕豸鹿虎虍魚

字鏡集八

動物部上
龜龍馬牛羊犬豕象
易鹿虎豸魚

龜部 三十八字

龜 カメ正
キウノ気 龜茲國
龜月 龜月 龜月
龜月 龜月
 キウ カメ山之
秋且 ロウ 鼺
ロウ 龜
タン吉 ロウ 龜
赤龜也

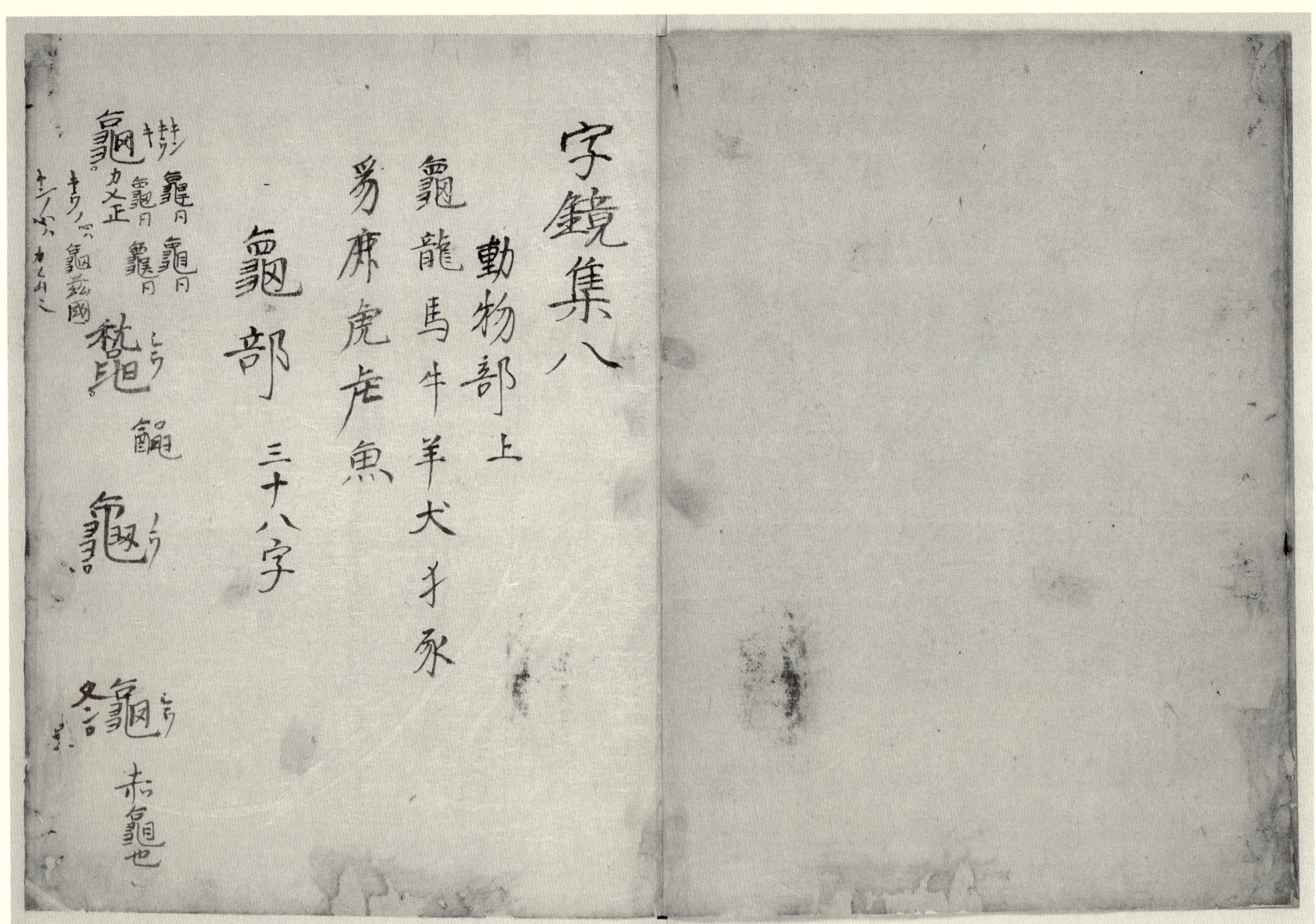

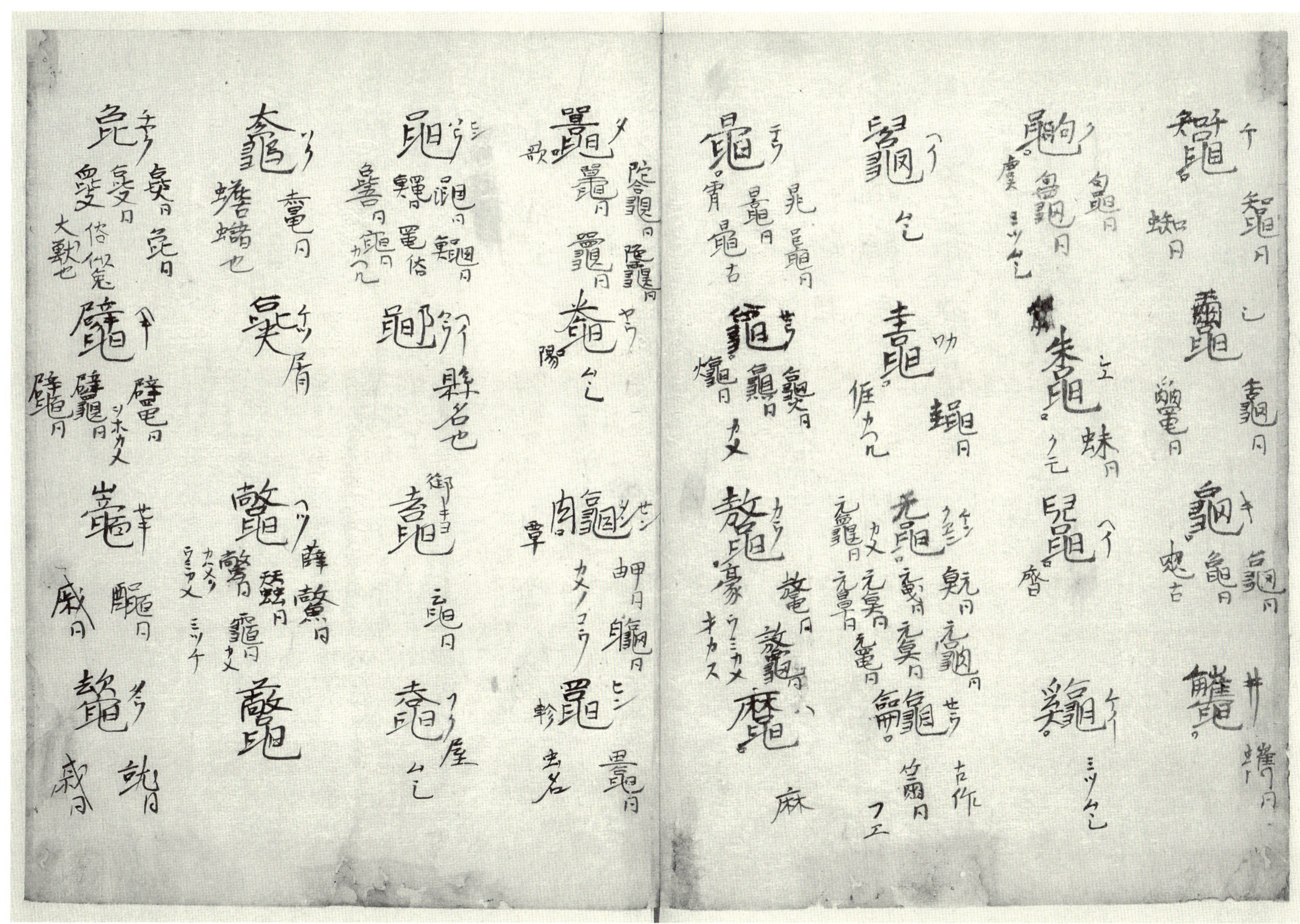

（2オ）　（1ウ）

龘 音區 夜龜 未詳

龍部 十七字

龍 リュウ 龍アラウ 恭あやくし
龍 リョウ 竜キミ 竜タツ
龖 タウ 龍曰 クチトリ クチツキ
龖 カウ 龍曰 フカミタニ カキタシ
龘 ロウ 三カク
龖 リョウ
龘 リョウ 龍ノ鞘日
龘 龍ノ耳日 ミミカミ

龖 オホコエ 龍龍 龖日 山神名也
龘 ロウ 龍龍 霳月ヨシ
龘 キョウ 恐曰 合龍 カシ アリカ 龖日 駈日 芳
龘 龍サアク 籠 龍醫也 正之メテ 合ニセ 龍 アヒム 龍馬
龘 セウ 龍言月 龍龍邑也 龍虎皀也 龍驚ニノ

馬部 三百三十四字

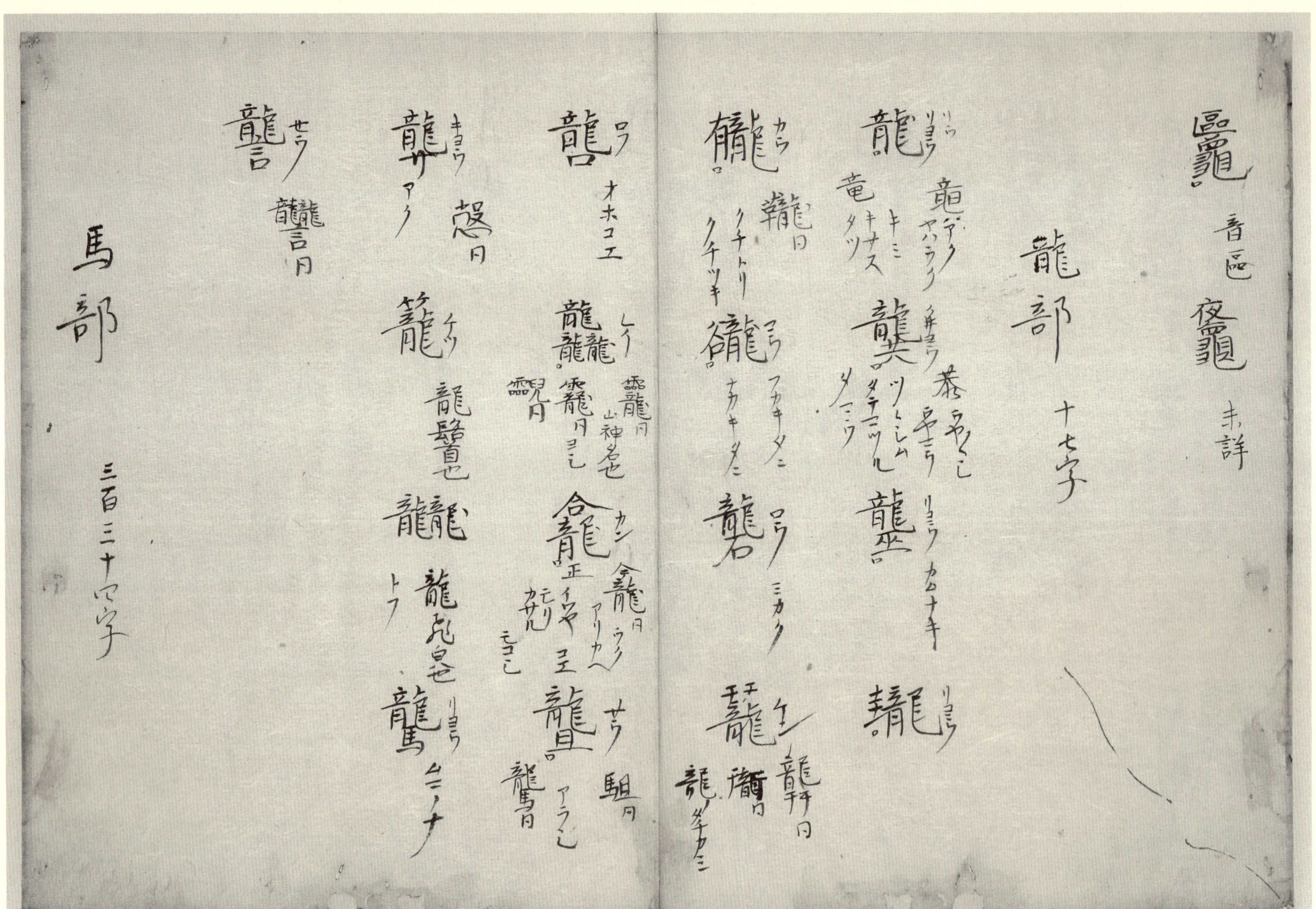

馮 ハ

驂 サ　ノムマ

駷 ソウ　ハシルムマ

駟 シ　ムマノナ　トキムマ

駿 シ　ハヤシ　トシ　トキムマ

騃 シ　ヲロカナリ

騪 ヒ

駈 キヨ　チムマ

駁 ツマ

駭 カイ　[illegible]

駴 カイ

騃 カイ　ヲロカナリ　ホレタリ　ユウサル

騯 シン

骯 ヒン

驆 サン

馲 エン

駄 エウ　ヨキムマ

驀 タウ　ムマノニツリ

驤 ニウ

騲 サウ　メムマ

駴 アナタツナ

駊 ハ　アタツナ

䮂 ハ

駃 ケツ

騮 リウ

駰 サウ

騁 テイ

驒 テン

駿 ソウ　ムマノカミ

驄 ソウ

巻八　動物部上　馬部

驡 ホウノ
シユ丁

驤 キヨウ
ハス馬也

馬戎 カウ

騆 ケウノ
馬頭
オホキナリ

驫 キヨウ

駮 フウノ
シモテニ
コキムヰ
マキ丰

駿 シ
コキムヰ
ラシリ
カラスヨタウナルニ

馬麗 リ
カラスヨタウナルニ

騎 キノ
ハツメ
ノ
リモノ
ハタカレ
ラシリ

馬也 チ
ハス
ハシル

馬留 キ
ツメ丁

䟃 シ
ムテヤ
ヒ

馬鸁 リ

驍 キ
ヨシ
ヒロシ

駓 ニケノムニ

騅 ニシ
クキムニ

駿 キ
ラシ
ツシロシヒロシ
クニコハウノ

駪 ヒ
コノハレ

駘 タイ
ハム丁
コ丁

駢 ヒ
ハムトシ
ニムノレ

駅 ニケノ丁
駒月

駢 ノチ
コ丁

騏 キ
ムラサキ

驢 ヨ
ラサキ
ヒ

馬盧 ヨムラサキ
ヤヒシ

驫 ヨクエノクム丁

駒 ク
駒月

馬驢 俗
虞月

馬榆 ム
ラサキ
ムウ

馬飛 ヒ
トヒラキ
コ丁

驪 ホムチ
驪乗
ムラサキアソ
ヒスフス
ヤシ

駆 ウ
駈馭騶驅
驅駈騎驟
ハス馬也

馬甫 タイ

験 トヨキムチ
コ丁

駑 ト ヨシ ヨシムマ コマシ ワロキムマ ヌルシ ツタナシ

[illegible] ト 馬ノ不行也

騠 テイ 唐 ハヤシ ヨキムマ

騱 ケイ

驨 ケイ トキムマ

[illegible] 騂円 良馬也

騩 テイ

騔 カウ 驕円 騙円 騙円 カケノムマ

駘 カイ ヤマウカナムマ

駉 ケイ

騋 ライ ヌムマ

駘 タイ 驥円 ヌルシ ミチキムマ ソツキムマ フム

騑 ヒ 騑

駟 シ

騎 キ

馴 シン 馴円 ヒトヽシ ナラフ タツ ナツク ヨシムマ シタカフ

駪 シン 驢也 驂 ハン 驂円

駮 ハク 驢也

驚 キン 野ク 馬也

駢 ヘン 一 騂也 キン 馬名

騬 トム

騉 コン 獣名

驊 ヨン ケタモノ

駆 シン ヨキムマ

騎 キ 騎円 騎円 騎円 犄円 ハシル シキラ ニソ トシ ワシル

驙 タン 塞 白馬也

騫 アン 寋円 鞍円 クラ 正

驒 タン 驒驒 一音也

驩 クワン ヨロコフ

馯 カン

騯 ハン ヒシツラ ミツラ カツラ コイスミ
駁 ハン 駁文也 マダラナリ
騆 カン ケン チクムマ
馯 カン

駭 ケン 馬三歳也
駢 ヘン ナラフ正 ツラ又 ヒタヒクタ
騚 セン クロミトリム ヲフキムマ
驒 テン ヒタヒコロキムマ

騚 セン 騚 ヨツシロ正 ツメキル フチナム カミキル
驠 白馬也
駩 セン
驔 テン 傳 ツタフ カヒツク ツカフ タクム アマネシ スケ タトシ ツテニ ツテニ サラフ

騫 ケン シトロク メクラス ムク ツニツク ナカシ
駹 ハウ イサム正 トシ ヨシ ホコル ヨキムマ
驫 ヘウ トロク ムラカル アヒミル ツトル正 ヲル ノホル シトロク
驕 ケウ 驕 サハク ホコル正 アサムク カタノミシ イノヘツヨル也

駋 セウ 馬名也
驃 ヘウ 䮽 ヒラシ 驃 アヲキ
騑 ヒ 騑 馬三歳
騊 タウ ヨキムマ

騷 サウ 騷 サワク正 ウレフ 騷 ウワ ナツ ウコク
驁 カウ トキムマ
騟 セウ ムニノユク
駝 タウ 駝 駱 馬䌷色ニ

騲 サウ 駮 駱 ヒヲ ノフ ムロシ
駘 タ モノツフムマ ミツイムマ
䭾 タ
馺 サ 馬ノ行皃

騾 ラ 蠃 ラウキムマ
騢 カ カケノムマ アカシコマ
驊 クワ カ
驤 ジヤウ アカル ムモノ ハシル スミヤカ コエ ホトハシル ノホル ハス

（8オ）

（7ウ）

駤 チ　トヽム

[illegible] リ　糲　[illegible]　タチ　ヤカラ　トモカラ　タクヒ　コトヽ　ニタリ

[illegible]　ナツム　ツニツク

駟 シ　コニ　ツクフ

騎 キ　ムマノル

[illegible] ヨ　ムマタチ

馭 キョ　ウナフス　ハス　ヨロコフ　ツカヒム　ミサム　シトロク　ノス　トノフ

驁 [illegible]　[illegible]　トヽ　イツシ　[illegible]　ハス　ハヽル

駙 フ　ムマツカサ　スムチ

駐 ツ　踣　[illegible]　ヤム　サヽフ　タツ　トヽムル　ヌチトヽム

[illegible] ス　馬名

[illegible] ス

[illegible] ホ　歩　アユム

[illegible] ホ　ムマナ

驪 イ　駉　ムマハシル

[illegible] タイ　ムマトクユク　ツク

[illegible] タウ　一駕也

駕 カ　カヽル　アカツ　ムカフ　ノル　イサム　アカル

駟 ハ　[illegible]　ノル　サイナム

驂 トウ　ムマノヤウニ

騢 アン

[illegible] テン　ムマノツリス　コロハス

騸 ヘン　上馬之

[illegible] ヘウ　ホコリイサム　[illegible]

騂 カン　ムマノカシラ

[illegible] カン　[illegible]　[illegible]　ハシ

駢 ハン　ムマノユク

[illegible] [illegible]　[illegible]　[illegible]　フミ　ナラフ　メツラシ

駘 カイ　ムマノナ　正

駃 カイ　馬名　トシ

[illegible] カン　イカル

駿 シユン　[illegible]　スミヤカ　トシ　ヨキムマナリ

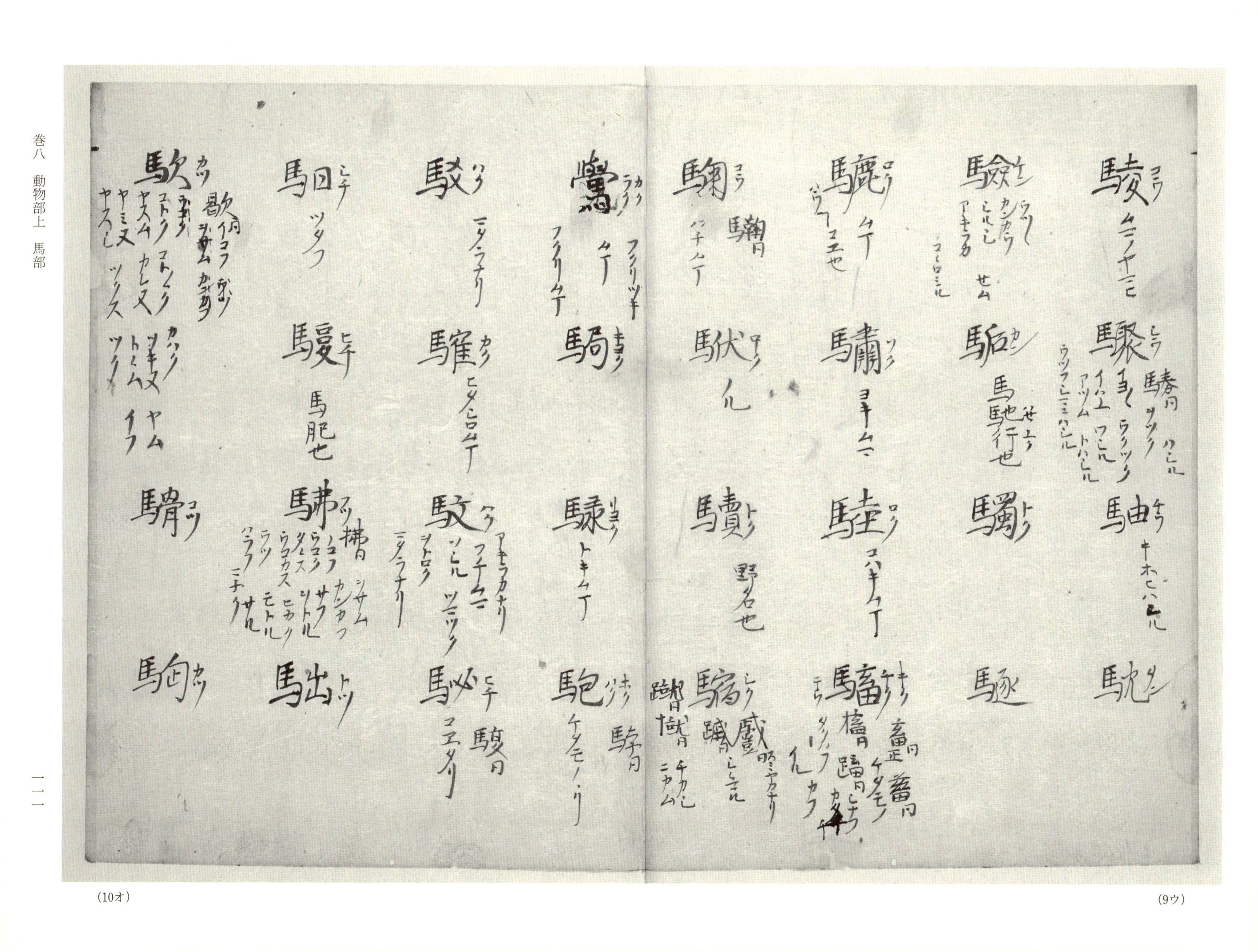

（10オ）

（9ウ）

驋 ハツ ハシル也
䮗 キツ 也
驕 キヤウ ナラス 驍同
駊 ハツ

馴 ハツ 馬八歳也
駃 ケツ ヤハシリ
驖 テツ カケ
馲 コツ ムマノトクユク

䮋 レツ 騆同 鬣 ハス
駱 ラク トム 馴雑同 馬名
馱 タ 騾同 驒同 ニシミラ ウサキウマ 驝同 ラクタ馬
駂 ハク 栢同 ウサキムマ

駞 サク 小馬也
驀 ハク ムマノル ミタノトリコエ
騪 ソウ 騣也
騺 シヤ 騺同

驕 ケウ ツタモノ 騃也
驛 エキ ムマヤ 驛正 ハユ ツラヌ ミチ
騋 セキ 特也
駒 ク コマ ヒタヒロムマ

騂 セイ 騂同
驀 ヘキ ワカキムマ
騮 リウ
駴 ミヤウ

驪 コク 黑同 スミムマ 驪同 クロムマ クラシ
騽 シフ
馵 チウ 馬絆也 執同
驫 ヒウ ナカリナリ

馺 サフ 噏 トフ ヤトロク ムツ スミヤカ トシ
騇 ムマノトクユク
騶 スウ
馴 シユン ムマノユク ツヤシ トシ

駎 サウ ウツクシ
驜 エフ
䮠 与終反
騻 トウ ムチ

奞 リン ハシル
騂 ヒ
䮞 シ ムチ
驥 キ

馮 上 アカキイロ アカキムマ
駒 上三
騫 カン
驕 トウ ムチノムク

驉 クワウ
闖 廉(ヒ)京(キウ)反
驤 カウ
䮾 ライ

騂 サイ
鳥馬 フ 布老反 カラスムマ 烏駿也
駏 巨可反 ムマノエウカタチ
䭰 五黨反

騖 南老反
驫 ヒウ ハヤキムマ
䮘 ホウ 杜左反 大ノ白ノ大 也
骯 カウ 髡

騺 セイ
駽 フ 馬ノ官ツカサ也
䮘 又亮反
䭿 勒鄧反 ロウトウ

騳 エウ
騳 ハシル 徒表反
驤 タウ ムマノムク
馻 フム 而逸反

巻八 動物部上 馬部

馬盭	馭	馬鑒	焉	駁	馬夷	騪
驕	馭	馬鑒	焉	駁	馬夷	騪

馬盭 キ／又タウノ六
騽 レツ／タニ六タタ
馭 ス
馬喿 ノリモノ
馬鑒 ニニハ
焉 シワ／タイノユ
駁 シサム
馬夷 イ
驕 セツ／ニフキタイ

屬馬 タ
馬莫 ウ
馬喿 ノリモノ
馬鑒 ム
馬絆 セリワ
馬怡 シ
馬名 シ
馬良也
馬妻 ウ
驅 ク／ムテノタ良

騾 カ／タニハニル兒
馬喜 ショウ
馬居 キ
馬巣 カナカミ／メチカミ
驢 キセツトリト二六
馬宛 シ
馬典 ニ／ムニムノ

駟 セツ
馬失 ラ
馬卷 ニ
馬白 ウ
馬某 ラウ
驚 未詳／躍上馬
驎 ヘン
馬諸 シヤ

（14オ）

（13ウ）

巻八　動物部上　牛部

犅 キウ 來音 太刀生也
犝 トウ ツノナキウシ正
㸹 キョウ 犠音 ノウシ
　犡音
牰 ウ 二タラウシ正
　橦月
㸰 ヒ 橽音
㸲 ス コウシ
　トラニタラウシ又
㸶 ト ノ古 コトニ
　鼇月 カラス
犢 コウシ
犠 キ ツノキイ牛
　榇 架父
㸺 ホウ ノウシ
犂 ウ イケニヘ
　本ラノウシ
犂 カラスキ正
　耕キナヲ
　ウラスノ
　コラウ
犁 カラスキ正
　カラフ

㸭 ヘウ アメウシ
犪 カ 牛擾
　畫擾
㸸 ス トラニタラウシ又
　古 コトニ
　カラス
犕 トノキウシ
　子ヌキウシ
犉 シュン シチ
　獸如牛也
特 ケン
　獵月 獸名 ツノ
　足黑牛也
犢 コウ 欄月 ヤスシ
　ソミヤカ
　望笑

犨 ヘウ アメウシ
馨 ラキウ 聲
　横聲
犠 パウ 飽月 ケツ
投 ちウ 橦
　牛羊進行也

犅 メ
犅同 獸名也
犕 タ
牿同 牿同 觡同 觡同
ツノチカウし
犌 カ 𤛘
チカラウし
犡 キヤウ 陽
ヒキウし

犉 リヤウ
ウし
犻 ハウ
ヨキウし
牂 サウ 唐
牂同 犞 三歳牛也 コロス
犅 カウ
特 トクキウ ヒトリウし

犝 ドウ
犝同
犺 カウ
牲 セイ
牲 イケニヘ
アサヤカナリ
犴 ハウ
犴同 犴同
アヒニタウし

犃 カウ
牛ノヒサノトノ骨
犨 サウ
騂同 犨同
アヤし
アカキウし
牷 セン
牛名也
犊 キウ
角ノ形

犹 チユ 犪
ノ牛也
犓 ヒヨウ
牝 ヒン
牸同
メウし
畜母也
犤 ヒン

牯 コ
モトイ
シウし
牴 テイ
觝同 牾同
フレクナリ
觝同
牲 ヘイ
牼 ヲン
牼同 牿同
ヒタス
ニツム

犝 トウ
犝同 ヨし
ヤハラカ
特 シン
キル
犂 カエン
ジホキナリ
犞
躍也

犃 ホウ
シウし
牡 モウ
畜父也
ヲナヲモノ
シウし
牸 シ
牸同 犳同
カク
カクツ
シコル
牰
犢同 犢同

　

巻八 動物部上 牛部

犕 メウシ・ヒツシ
㹒 ヒツシ
牻 トモカラニ正
犅 牛ノ名
牤 區ノ
犨 牛ノヤミ
犢 ス

衛 カイ
挈 開ノ挈ノ
犐 牛角ノ作也
㹠 カイ
㹶 アカ
槄 アカキモノ
犒 アカキモウシ

扣 ミツ
犢 順佐シ
犒 カツキラウ
犐 モクラス
牧 牧ノミム
セツキ手
ウシヲ
アシフ

抽 クロウシ
撃 ハナ
羊訛けせ
杼 キ
犢 齢
牧 カ
爠 コ

㩲 ウシノ正
ウシノコ
ウシノウ
犄 カタシ
牧 爆
犢 齢
爠 コウキウシ

楒 觸リ
長船シ
精 東ノ
犢 アカ
楀 カム又正
撲 横ノ
㹠 カリ
犢 シユキウシ

紫 タシ
イタツラ花
ノル
物 モノ正
コトコトシク
牙 ウツ
旄 旗也
犛 カウ
鏡ノ車ノカ=
軽ノカキ

巻八　動物部上　牛部

(17ウ)
犨 サウ 牛名也　榠 牛名　犀 セイ　ノ犀

犪 キヒ　䍧 タン　ヒトシ　マトニ　犆 トク　ウシ
　　　　　　　　マトニ　ヒカリ　又キヲチリ
　　　　　　　　　　　サカリナルウシ

攩 ラウ　犅 カウ　桿佑　特 トク　春又
　　　　　　　ニレス　牛名　牛鼻捲也
　　　　　カンカウ

㸩 クヰ　牪 ケン　呼蒼又　牯 コ　牛鼻
　赤雙又　獣名　牛名　牯佯也

框 クヰ　㹜 コン　犢 トク　犉 シユン
ツカ悪又　ツカヰノ主　獣名　牛名

猩 セイ　牀 シヤウ　牻 ホウ　犅 カウ
　牛名也　唐ヨリ　牛ケ　牛サケ

猟 レウ　㸰 コウ　鉾 キ　犠 キ
ラシキホヰ　奴多又　合　合

㹜 ラウ　拍 ケウ　梅 ウシ　犩 ウシ
　七古又　又薬　六　弓
　　　　　岳凶

㹜 ウシ　㹣 マン　㹧 ラウ　置 ウ
　　　力契カ夫ニ又　他見又

巻八　動物部上　牛部

犒 犒饋 古評又
牿 裏ん
犅 牛也
𤚖 牛息也
犅 牛行皃也（犂牛ノ…）
牭 一宇
桃 一兆
𤙩 人姓
牸 メウシ 牛黒唇也
㹪 ウシ メウシ
輸 墨牛
犄 牛四歳
牻 牛
骨牛
牛櫻 六賜
㹅 牛ツノ
掣牛
牛𤙷
撒
牛櫓
犨 ヨウ
長髦 チノカキ 山 代繋縶
牫
敦 ヒニ
牯 カキル
犖 フ
挊 ヨシ
猛 カキ
犲 ミタリ
狿 クウ
擧
犧 モ
揭 吉辞
摚
犆 シウ

牪

犤 ヒ ツカル ヤフル

犍 セン

羊部　九十五字

羊 ヤウ ヒツシ　芉 同

翔 シヤウ カケル 正

善 シヤウ

羌 キヤウ

羊ノ無口也

地名

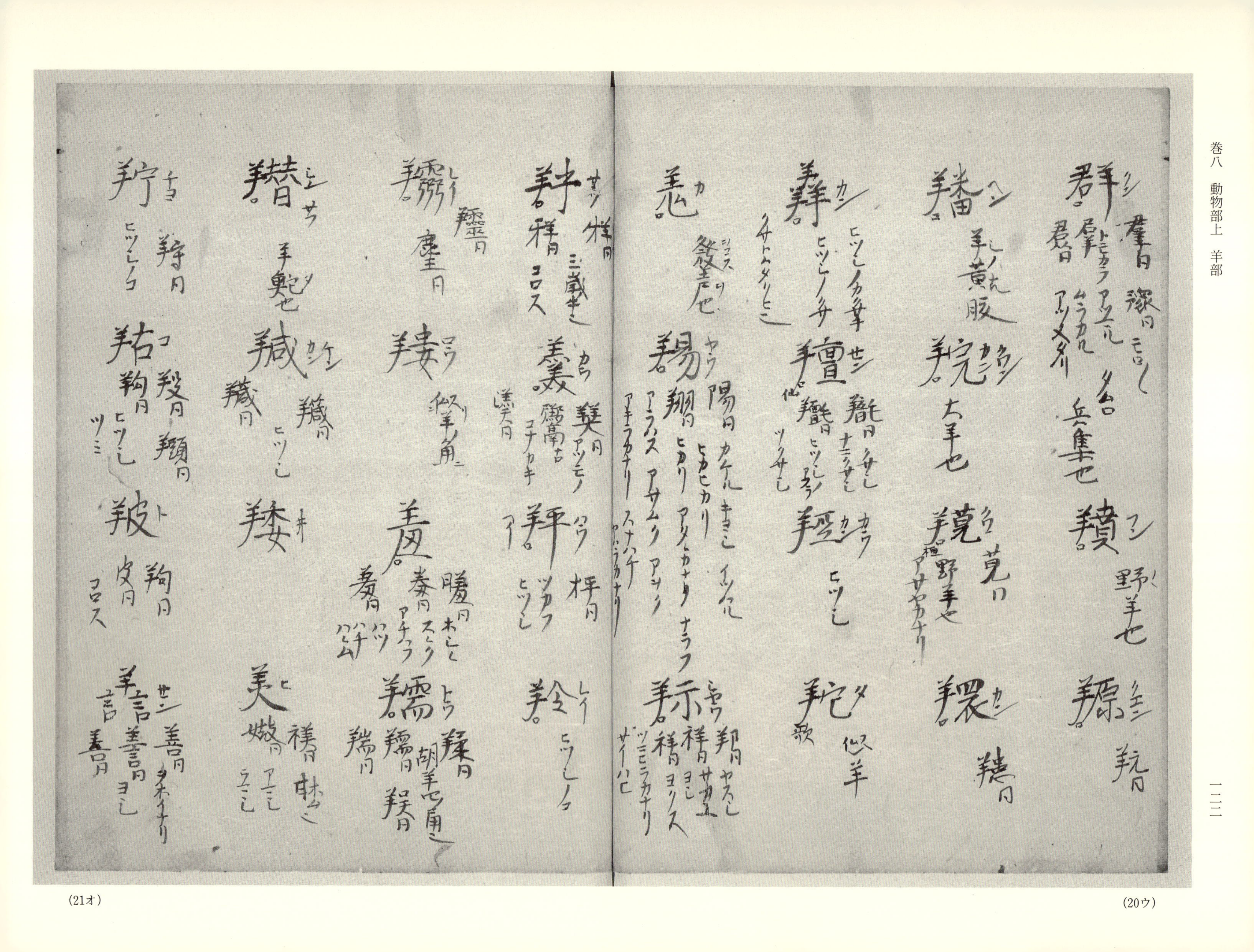

（22オ）

（21ウ）

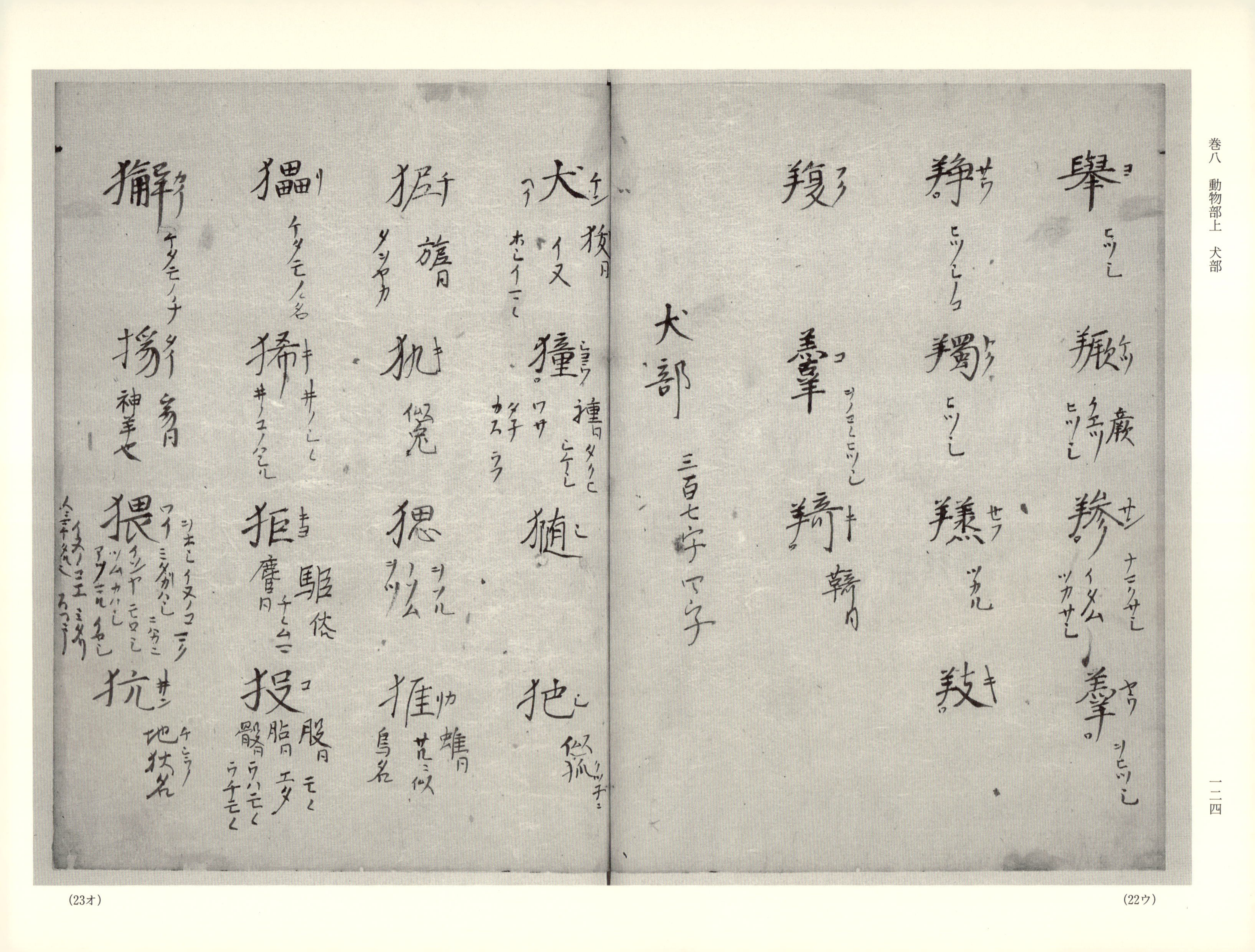

犬部

三百七字

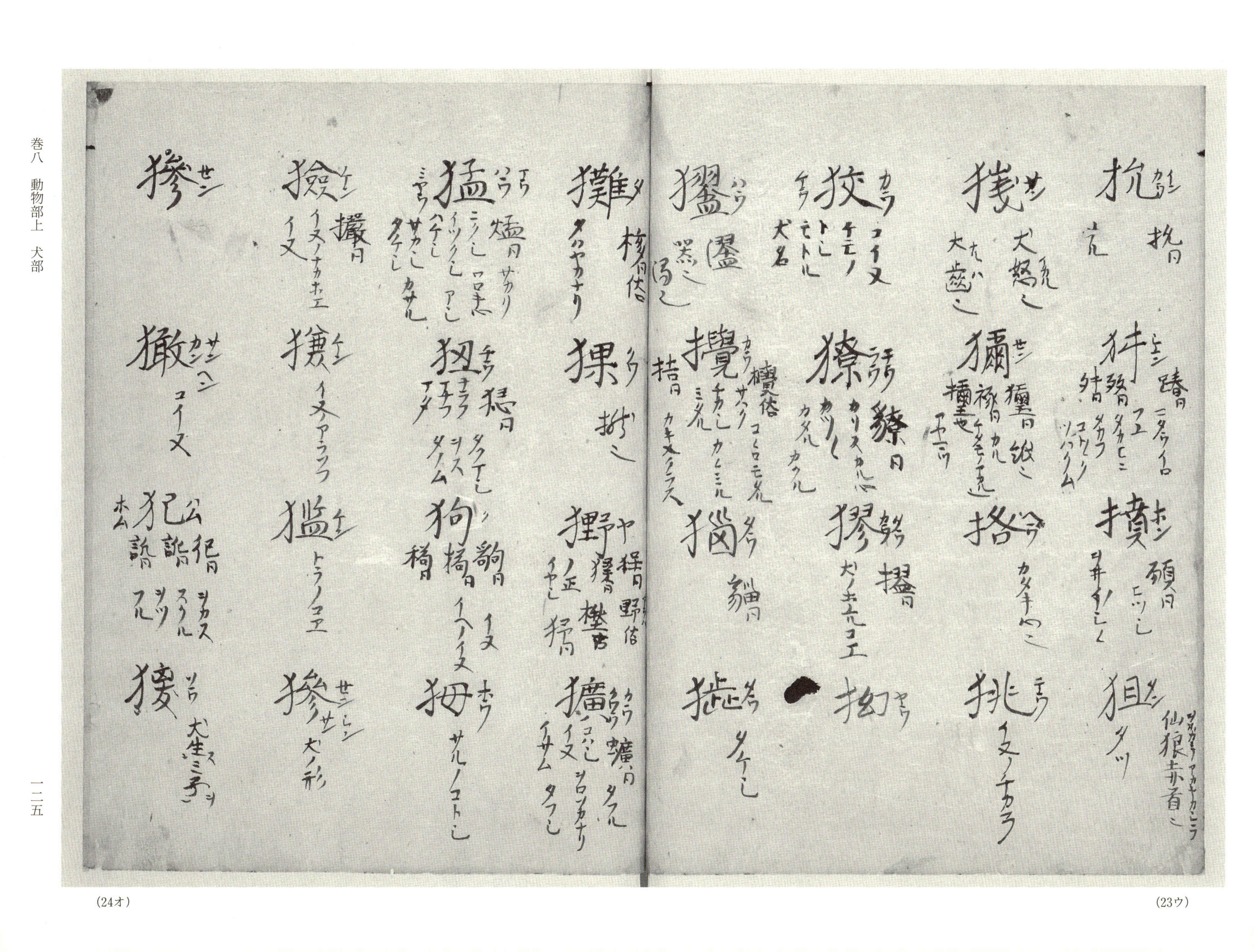

（24オ）

（23ウ）

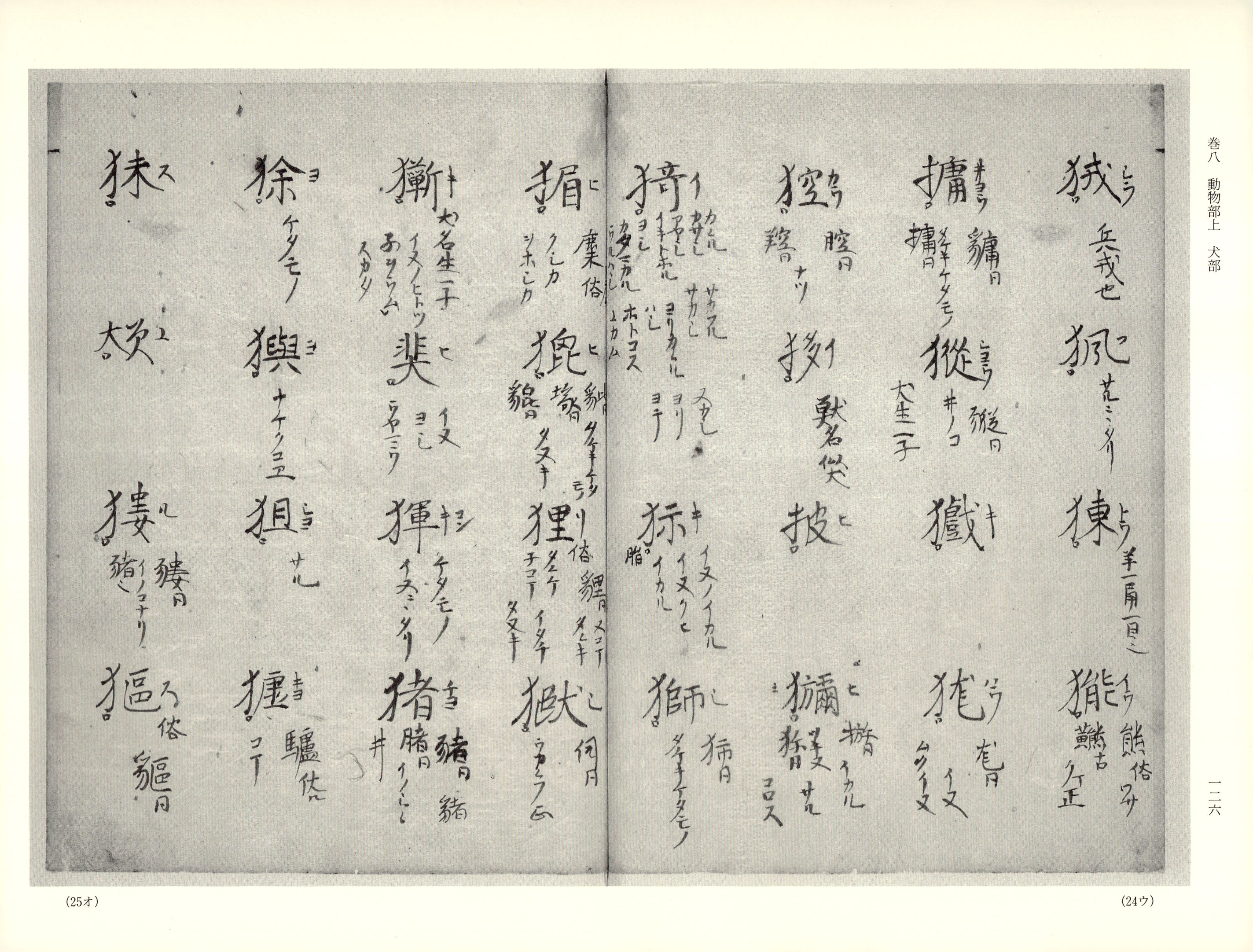

(25オ)　(24ウ)

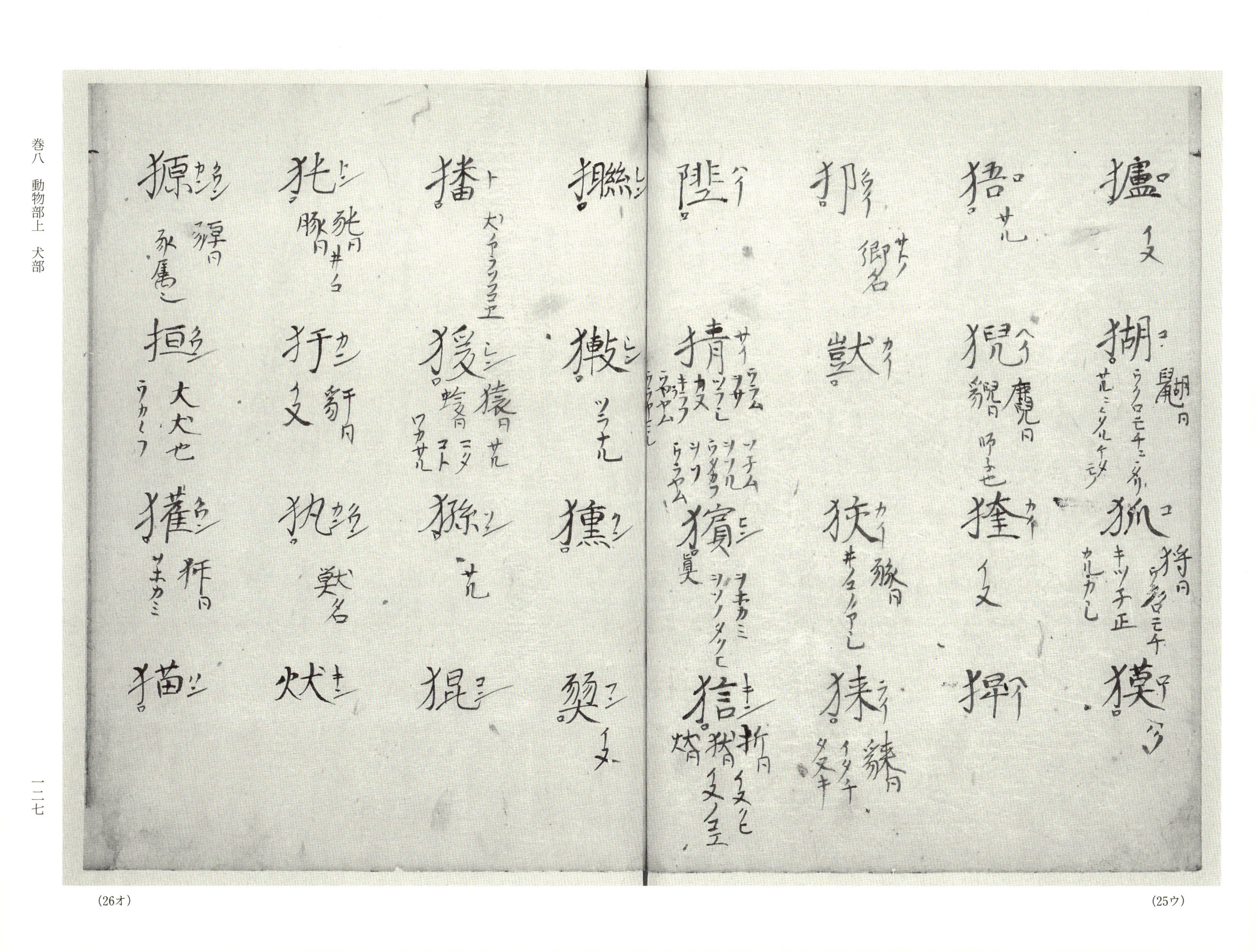

（25ウ）

（26オ）

搬 ハン
狻 ソン 行五百里也 貎同
狦 サン アシクタケキ犬
⿰犭廷 アカツ 佶 ⿰豸廷同 ミダラナリ正 ⿰廷同

⿰犭單 セン ハシル
狠 カン 貇同 ⿰犭艮同 イヌノイサカフ
⿰犭絲 シ ⿰扌總同 大走也 イヌノハシリ

⿰犭間 カン 犬ノイサカフコヱ
⿰犭肩 セン 佶 ⿰豕肩同 ⿰豸肩同
⿰犭旬 セン 似狼
⿰犭扁 ヘン 獱 ヒン 類也 タヌヒ

⿰犭然 セン ⿰犭果 名 ⿰犭然也
⿰犭延 エン ⿰犭單同 ⿰犭夏 エン也 ケダモノノ長キ皃
⿰犭豦 エン ⿰走曷同 犬走 ハシル
⿰犭開 セン

⿰犭召 テウ 貂同 佶 イヌノコトキナリ
⿰犭囂 キウ イヌノ手ヒロナル
猫 ベウ 佶 ネコ正 カラネコ ⿰豸苗同
猺 エウ

⿰犭肖 セウ 狂猘病 イヌヤマヒ
獢 ケウ イヌ
猋 ヘウ イヌハシル
狡 カウ 犬シロトク

⿰犭虎 カウ 虓同 トラノコヱ ⿰犭虎同
狍 ハウ ケダモノ
獽 ジヤウ 豪 ⿰犭襄同 イヌ ムクイヌ
⿰犭壽 タウ 似虎毛ニ

奔 タウ 進趣也
⿰犭柔 ジウ 獿同 サル ムライヌ ケダモノ ニタナク イウ
⿰犭丑 タウ ⿰犬農同
獒 カウ イヌ

猳 カ　豭同　貑同　枷

猗 カ　犬ノ走ルヘシ

猲 ケウ　タケシ

獽 ジャウ

[illegible]　狌 シャウ　猩同　[illegible]

獐 シャウ　麞同　シカ

狂 クワウ　[illegible]　[illegible]　瘋同　ヨキル　タフル　タワフル　クルフ

猅 ケウ　[illegible]　羌同

獚 クワウ　イヌ　クルフ

狭 ケフ　[illegible]

狼 ラウ　狐類也　ツホカミ　オホカミ

猈 ハイ　イヌノホユル

猩 セイ　狌同　猩同　似猿　イヌノコヱ　獂同　ヤマワラフ

獰 ダウ

猙 サウ　狰同　似豹　カワヲソ

猛 マウ

獱 ヒン　[illegible]　ワシ　イヌノコヱ

獏 ハク　貘同

猚 ニ　ミヤ　猚同

猞 ケン　獫同　犬名

犰 キウ　トラフ

猌 キウ　似狼　[illegible]

猶 イウ　ナホ　ミチ　猷同　ハカリゴト　カリノコト　猶同　ハカリコト　イツハル　イフコト　コトシ

獀 シウ　イヌノナ　猴同

猷 イウ　ハカリゴト　タフル　猷同　ハカリコト　ワカシ　アヤニル　シタカフ

猫 メウ　貓同

掫 [illegible]

猴 コウ　猿ノ

獳 ドウ　タツ　獳同　イヌノイカル　ケタモノ

猒 エン　厭同　猒同　ハシ　ヤム　トラフ　アク　アシ　キラフ

獑 サン　イヌノコヱ　㺜同

猜 サイ　犬ノホユルコヱ

獑 サン

(28オ)　(27ウ)

猤 キ 豕月 イカル ケヨタリ 豕怒毛竪也
獙 ヒ 避佑 ミル 正 ヒカム ヌカル
獻 キ 戯佑 ヨフ ツノモノ アトコス タハフル
猤 キ
獵 キ

𤡓 ヒ
猬 井 蝟佑 彙 ツノムシ タサス ムサイ井 カハムシ ウクロモチ
獳 ス 御名
狌 ス 黄犬黒頭也

獠 ソ 素月
㹸 ハク 柏古 タマシイ又
猘 ケイ 猘月 タマシイ又
獡 ケン 模ノ

獪 カイ 獪月 狡猾也
猬 ハク 獣名也 ミタル
㺃 カイ 熾月
狢 カイ 狢月 獣也

䶕 ハイ
猌 キン イタノイカル
犯 ヒン 犾
獻 キン アラ ミワス タテニウル スム サカエ カレコエ

奥 カン 僾月 燰月 焚 人姓
猼 ハン 猼月 狼 オホカミナリ
獿 ケン イツノ ヌミヤカ
折 犬

猜 セン 上同 スミヤカ ツタナシ カタクナシ ホトハシル
獥 ケウ ケキ オホカミノコエ
狣 ケウ 狂犬
掉 タウ 掉月 タフキ又 アハレフ ラウコウ シカフ イタル

狎 カ 狎月 狛月 獣名
猲 ヤウ
狀 シャウ カタチ カタヤ ツイテ サカエ
犯 キョウ 犯佑 ヌシヤ キウフ ヨハシ

犺 カウ ツヨシ ヨハシ
獍 ケイ ケダモノ
狖 イウ 貁 同 狖 同 犹 同 イヌ ケダモノ 九
獒 ガウ 獒 同 イヌ ケダモノ

狩 シウ 䝓 同 カリ 狩 同 ヲエカリ
獘 ヘイ 獘 同 獘 同 ツミナフ
獨 トク 獨 同 獨 古 ヒトリ カモメ
獸 トウ ネコ ヨル

獛 ホク 一鉛（？）
猘 セイ クルフ
猐 セイ 貐 同 似白虎
獄 ゴク

獒 コウ 獒 名
猫 ベウ 貓 同 猫 俗 カネ ケダモノ タヌキ ヤマネコ
猛 マウ ヨキ イヌ
獄 ゴク 圄 同 ヒトヤ

獶 ダウ 獶 同 獶 同 獶 同 ケダモノ
獻 カン 獻 同 カシコノ アシ ナリ
獣 カウ
猊 ゲイ 狻 同 貌 同 狻猊 同 ナリ

猪 チョ 猪 同 イノシシ
獢 キヤウ
獢 タク
猦 フウ イヌ

獦 カツ 獦 同 シリヘ イヌ
狨 ジウ ケダモノ ヘン
猝 ソツ 卒 古作 ニハカ ツヒニ
獺 ダツ 獺 同 獺 同 獺 同 獺 同

猕 ミ 猕 同 獼 同 獼 名
獼 ミ 獼 同 獼 名
猾 クワツ モタ アタル カンカフ ホコロヒ アヒダリ
猲 カツ

猘 セイ 𤟹同 猁同 剢同 ハヒラ
獺 ケツ 獣名
犳 シヤク 豹同 獣名
獡 シヤク シトロク

玃 キヤク 玃同 玃同 イヌノハヤコ
猼 ハク 犬名
狢 カク 貉同 ウチニ ムシナ
狎 カフ

犵 タツ 畜名
狛 ハク 獏同 ヒツカヘス
猲 ケツ 犬ノイカル
獲 クワク ウ エモノ

猎 レフ
獎 シヤウ シトロキ ミル
臭 シウ 臰同 白澤之
狀 シヤウ 伏同 カタチ

擿 テキ 適同 遮同 ヒラク アツカフ
擾 セウ 犬生三子

拾 タフ 搭 カフ 撘同 イヌノ毛
拓 タク ヒタチヌツリ
搕 カフ 榼同 サカツキ

擖 カツ ツナナル カル
摯 チウ 犬声
攢 サン 猶同 カリス
挾 ケウ 陝同 サシハサム

扱 サフ ツツル
押 アフ 狎同 ナラフ カリス
攏 ロウ ヒク

獠 ヒヤウ
犬生一子

𤢺 ヒカレ又
犬ノヒカレ又也

獪 キウ
丑知反
龍ノタクヒ

獏 キ

犒 カウ

猺 トリヨウ
努力反
犬也
ヤニノイーし

獍 シヤ

猶
鳥知反
獿 同

獷 キヤウ
獍 同

𤢆 タウ
シホカミ

㹳 テイ

獲 セウ

猥
烏戈反
小狗

𤢖 サウ
又一男反

㺇 ヒ

㹎 ルイ

狎 イ
伊 イ

狭 シ

獶 セウ
イヌノヨトロク形

獎 シヤウ

獿 カウ
加卯反
老也
シタルスカタ

狒 フツ
人ノヒトヽリシハタヌ形
𤠶 同

㺜 シ
桑故反

獘 ヘイ

𤟤 キイ
尺世反
タフレイ反

𤜶 ヘン
イヌノアラソフ

㺒 リウ
クロキサル
又サル
イタチ

犹 イウ
丁角反

猊 ゲイ
猊 同

狄 タイ
犬ノアヤニチし

獄 コク
魚物反

臭 ヤク

（32オ）

（31ウ）

巻八 動物部上 犬部

右段(32ウ):
- 擒 テキ
- 捷 セツ ハヒイ
- 抵 テイ
- 搯 シヨ
- 扼 ヒ
- 捜 カウ
- 搦 ソウ
- 獅 キ 犬ノ食
- 獬 ケウ
- 撞 シ
- 獒 上
- 攫 カク 狂ヒ
- 操 ソウ イヌノコキニ 擦 キカツ 直闒又
- 猞 キヤ 獣老貝
- 狸 リ
- 撞 シ
- 擋 タウ
- 提 イヌ
- 獵 レウ
- 抭 ヨウ
- 批 ヒ
- 攜 ケタモノ
- 獅 タ
- 搭 タフ

左段(33オ):
- 獅 シ
- 搦 サイタ井ラク
- 捜 カウ
- 捏 ヒ
- 押 コ 犬ノ立ノコト
- 拍 コ
- 攫 カクルヘ
- 捏 トウ 犬ノホユルコト
- 狗 ウク 犬ノアフランフ
- 撒 サツ 撒日 サツコ サツノ
- 揣 セ 犬キルヌ

獮 サ ラカム ラカフ ラタカフ ラクル	猴 カウ	獴 キニ	獵 ヒキ	猩 タヌキ
扶 フ サス	掃 テ ラク花	搜 ツマル		
獸 キ イトフ コラフ	猥 キ ラツクミ	獨 アヤニフ コロス 猶月	獲 ミタリカニシ	
狡 ミ クロキトラ	排 ヒ 戰ニトハ於キ スヘリ	宛 ミ		
塢 ヤセ	掟 ウノフタ 擤 チ 雑 音	獐 サルウラム ラタカフ		
掫 ヤ 掉 サ 惣 抗 ミ				
棒 上 猊 操 ラフ 授 ラフ				
捌 ミ ラキウル 抽 三 音田 搶 抜

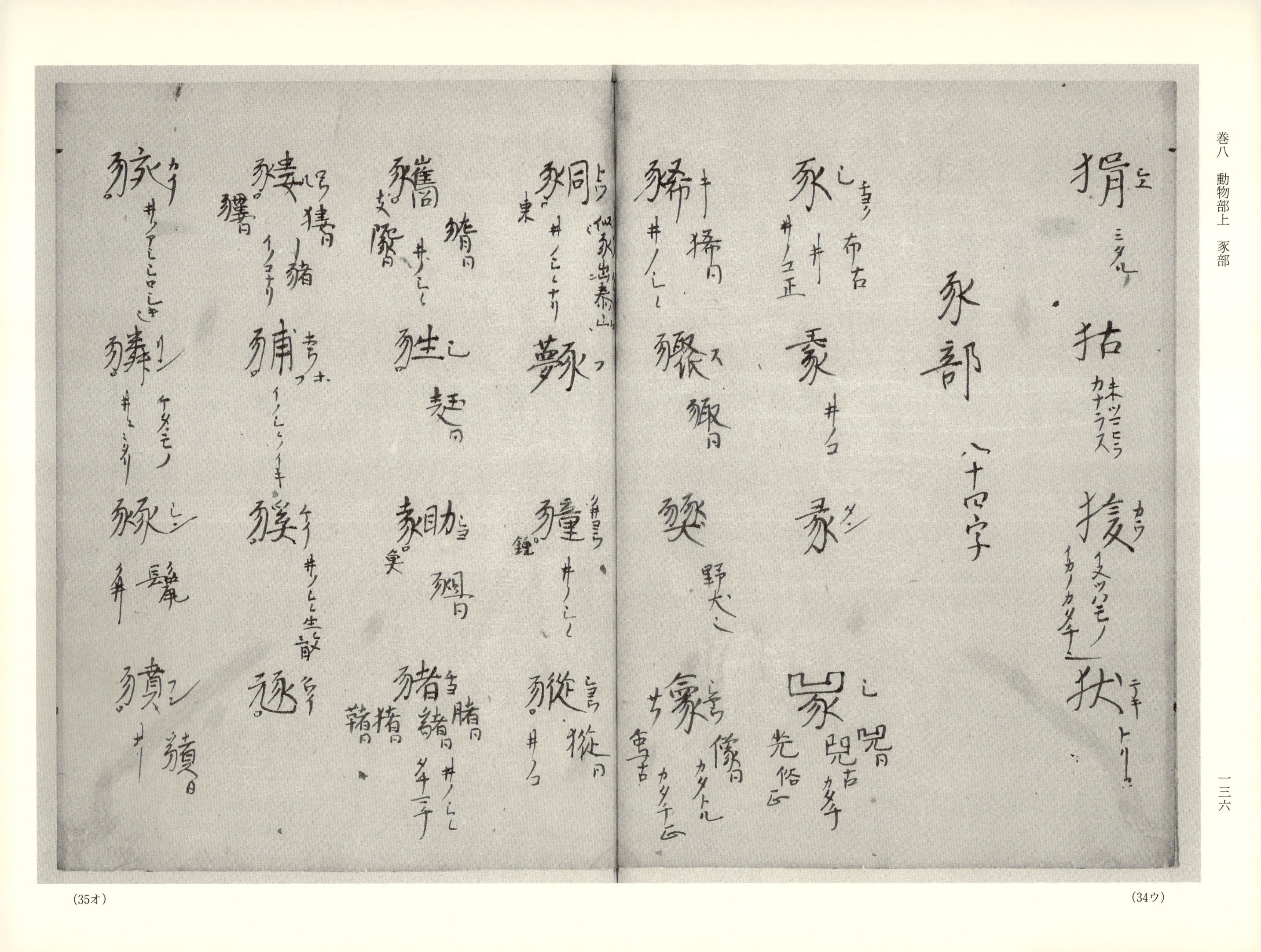

(34ウ)

豕部　八十四字

(35オ)

（36オ）　（35ウ）

𧳘 サウ 井ノこく
貒 サン 井
豟 シ 豸ノ名并也
貆 タン 井ノタクヒ

貛 キウ
䝞 タウ
豽 タイ 井ノこく
豻 チヤウ

䝐
徒鼓反 ト
貗 エウ 井ノこく
貀 トツ 井ノこく
豽 井ノこく

貜 タウ ナカキケナリ
貓 バウ
豙 コツ
豞 カウ 井ノこく

豂 ルイ 小イノこく
貏 ヘン 井ノこく
貁 クワウ 井ノこく
貒 セン 井ノこく

貚 リン チタヒノ
豭 カ セキ
豵 セン
貘 ヒン 井ノこく

貈 ヤウ 井ノこく
貆 キ 十井ヰ年イノこく
彖 シ ミカク 音
豩 音似

豸部

九十二字

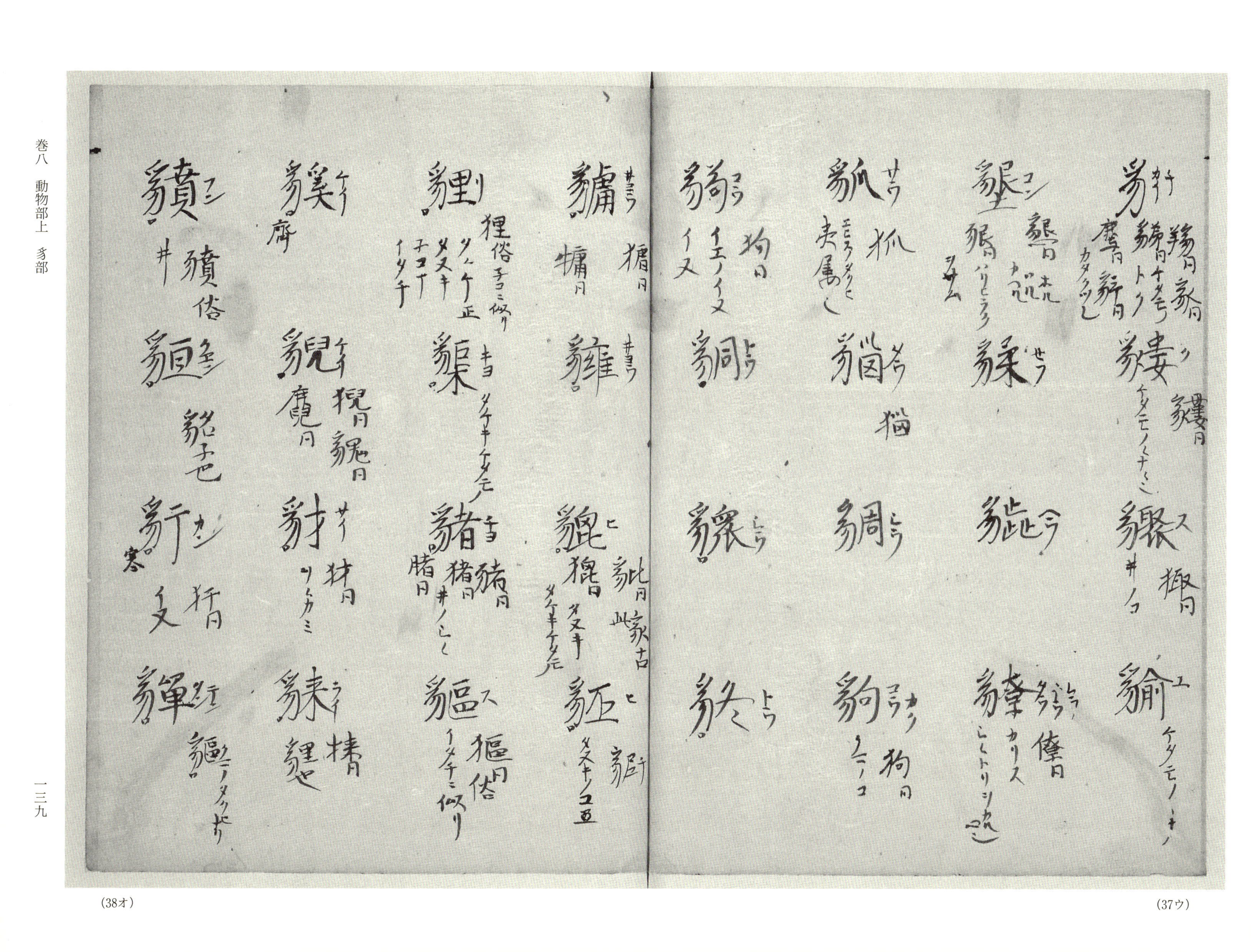

（38オ）　（37ウ）

貒 タン 似豕肥
貂 テウ 貂同 イタチトキナリ
貓 ベウ 猫俗 子コ 霄
貑 タウ 家 チタモノイタリ

皱 ハ 波俗 ナミ正 ヒタス
貑 カ
貅 アウ 狭同
貗 サン 後同

貅 キウ 猸同
貙 逹同
貐 ヒ 条ノコ
貛 杵同 野豕之

貕 ヒ 猞也 皃中也
貕 毅俗 厳也 イカルナリ
豰 キ 毅俗 イカル ヨコフ タス
貗 カイ 獪 猹 獪

貆 ヘン 猫同
貘 マン 獌同
豹 ヘウ 豹同 トラニ似タリ アサラシ ミタリカハシ ナカアカミ
貌 ハウ 皃同 貓同 貌同 猖同 貌 カタチ

貂 イタチ 狢同 猎 艽
貚 タン 獺 シ ソ 獺俗
貀 ダツ 貀 猿 鴈
貕 ケイ 猰同

貜 キャク 玃同 サルノタクヒ
貉 カク 狢同 貈 ヒツカナリ
貈 カク 狢同 貈 貉 貜同 貘同
貘 ハク 人ニ似 ケタモノ

貘 ハク 豆名
貊 ハク 貊 ヒロシ
貘 ハ ケタモノノ名 ヒツカナリ
貘 ヤク 貘同 貘同 ネズミノタクヒ

貈 ミヨウ
貖 サウ
𧳜 ホウ 獣名
𧲿 キウ 井ノコニ似リ

貄 シ ケダモノ
𧳃 シ
貄 シ
貖 セウ

貗 奴ト 鵄反
𧳈 似羊眠ト
𧲾 サン ケダモノ
𧳓 カン タヌキケダモノ

貖 中 板反
貏 ヒ カクシツし
𧳕 キ 猫ノ
𧲷 ト イナリ

[illegible] セウ ケダモノ
[illegible] 名
貱 ハ
[illegible] トウ

貍 スイ ケダモノノメ
貌 ホ ケノトキナリ
[illegible] コツ 獣名
[illegible] キウ ケダモノノイナ

[illegible] ケン ケダモノ
豺 ナゴウナリ
豿 ヨシ
貇 コン ニコト

鹿部

六十八字

（40オ）　　（39ウ）

巻八 動物部上 鹿部

(40ウ)

鹿 シカ サイワイ
 ロウ カノコ コサル
 臆 暑月 アキラク シカス
 曇月 ツカヒ ノキフス
 錦月 アワス ヘシ カワク
 三ガ正 ヤフル トシ サラス
 タヤフ ウタフ
 ホトニシ アラシ

麓 コウ 林冢曰 フモト
 蠍 番也
 塵 ツク クミカノアトニナリ
 麋 シン クミカノアト

願 ロウ
 髏月
 麋 メカ
 麋 ヒツシ
 雁 コミシ
 麒 キ 麟 一麟
 ひと 麌 モロ

麗 リ
 驛月 カツヨシ ホトヱス
 雪曰 アキフカニ アツ
 カホヨシ メツラシ
 カス ヒトシ
 麈 井

麕 ヨ 山麕
 コニナリ
 塵 スカノコ
 麋 メカ
 麋 ゴ
 麝 鹿月
 麋 ノ 麂 大姓月
 扶月 ヌシカ
 サシカリ シロタナリ
 麈 シロタナリ

(41オ)

麇 庚仲月
 一癸月 フトシ
 麋 へ
 麒 尨 クシカ正 カコ
 獺月 トラ
 麈 クシカ正
 麋 キン 涯月 艱古
 出庶 墟庶

麉 ケンモノナ
 塵 リン
 麋 メカ
 麈 キン
 麋 渡月 塵古
 出庶 墟庶

鏖 月 ウツス カス
 麋 麋月
 鱗月
 馨月 麈 キン
 ハツメアリ より
 麈

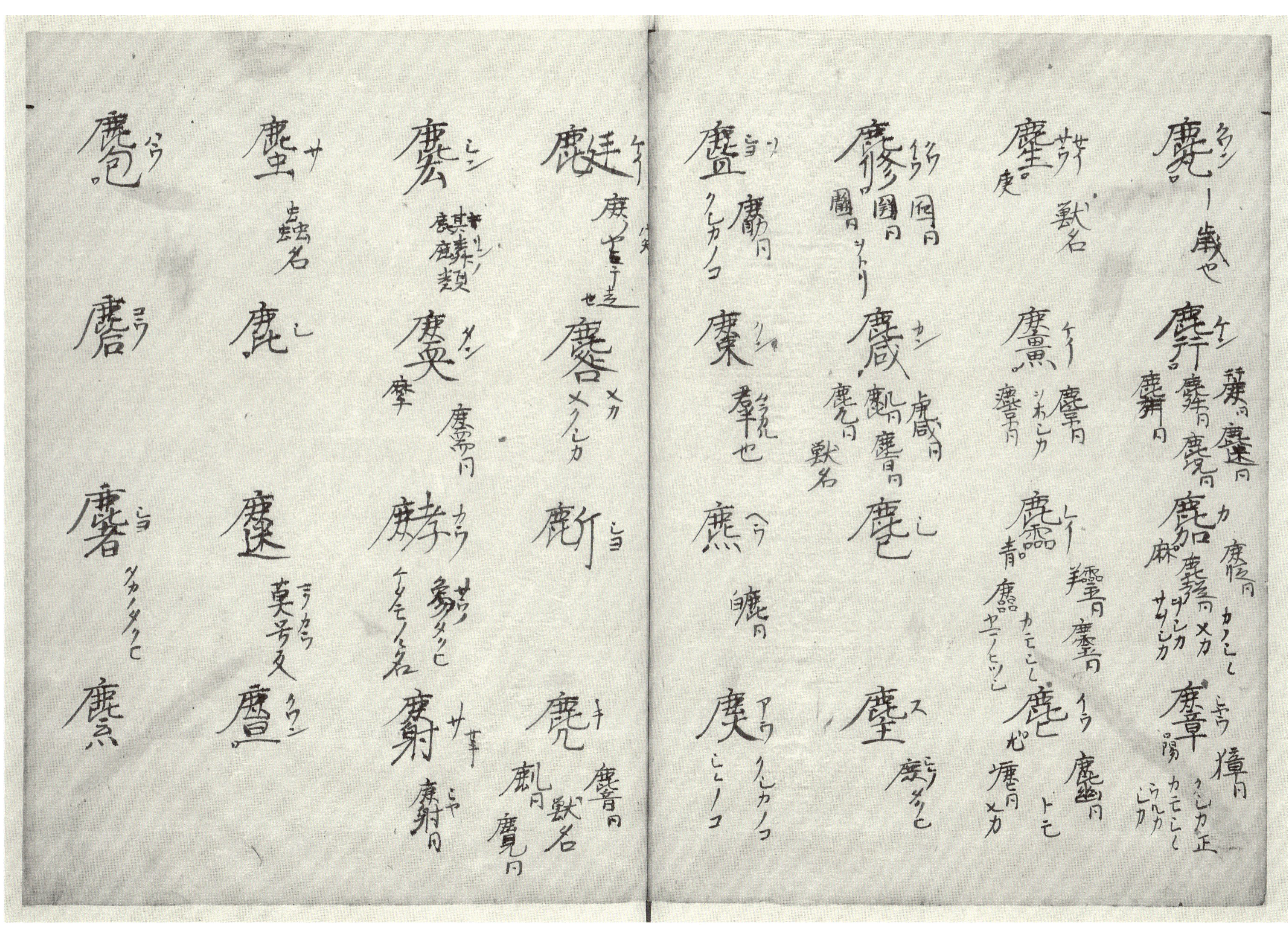

(42オ)

(41ウ)

巻八　動物部上　虎部

虎部 五十字

麠〔ヘウ〕
鏖〔イカノタヽヒ〕
麒〔イ〕
䶂〔カウトらんハし〕未詳

麖〔カウ〕
麈 未詳
麑

虎〔コ〕
勳〔古虜ノ〕

虎〔ノ席ノ上〕
虎邑〔コ〕

郎地名
虎貟〔ケン〕

虎〔ケン〕
カウ

虎贔月〔ケン〕
ケモノヽカハラ

號〔カウ〕
虎孫月十ガ
サラ
ヨフ

鞁〔サラトラ〕
徹〔ト〕

虎〔クマトラ〕
驚〔トラノ〕

虎冬
トラノトキ也

庶
扇月

雇〔千麗月〕こうフ

虎〔ソウ〕
虎〔トラ〕

虎〔テウ〕
虎〔スミ〕

監月
キシ
トラノイキマフエ

虎〔ヒ〕
虎〔キシ〕

所〔トラノ豆〕
虎〔セン〕

虎〔チコ〕

巻八 動物部上 虎部

(43ウ)

虎魤 トラ	虎彪 トラ ミクラカナリ トラノモン	虎 トラ
呆虎	虎耳 カシ ニヲキトラ	鐺 トラ
鐃 ケ	虎鹹 カン カシ 咸イマニ	虎驚 キャウ
虎風 トラフ	モ虎 トラノカタチ	

虎ク トラ
虓ヶウ クチカハ セミノカハ
虎タウ トラノカタチ
疏塀 トラ
虎威 イ又ハ
驚 クヰキトラ

虎ク トラ
虘 サ 檀コツ ころしてとらぬ
虎暴 くヶ名 トラ
魑 トラ
東魎 駆

魏 ギ
虎毅 トラノコヱ
觀席 カク
虎巣 カウ

虎白 シロキトラ
虐ギャク
虎虓 陽
虎周 トラ

魁
虎又 出虎 ケウ
魁曰
虎火 トラ

虎窂 ラウ トラノカタチ
虎莫 ミヤウ 魁月 ウ
姚 カウ トラノコヱ
饕 トラ ミヘルカテヤ

(44オ)

虐 ユルナリ　虓 シウ トラノタクヒ　虣

虍部　二十七字

虍 コ　肩 トラノモン　虧 コ　婧 虧 ヤスシ　虧　虘 コ　鳥名也　虛 ロ　虚 木トキ 鑪 鐪 ヲロ

盧 ロ　盧 ソリ ヲロシ サケノカメ ハニノラツハモノ　虛 キ　豦 キヨ　鐻 虡 ナトフ　虚 キヨ 虛 譃 嘘 ヲラソフ 正

虜 ラツチタリ ライテ キラフシ ムチナシ 正 ウツチタリ ソラ カクル イツハル　虖 ク　虖 サケフ　虞 ク 驢 虞 ツシサミ ハカリコト イモシム タノシム モシラ ヤスシ アヤニル ニカヌ ハヒカル カモヒスシ ツナム アツム シナフ

膚 フ　膚 カハ 腈 カハヘ ヨシ ハタヘ 正 アサシ　虩 ケキ　獸名　虛 サ ミコトナラサル ツミ　虔 ケン　褰 譺 虔 トラノマクカミチ メクム ツトム ツヨクトル

虞 キヨ　鐻 架也 カネノ台　虡 キヨ　鐻　虜 ロ 虜 トラフ ツカフ トリ正 オカナリ ヤスム　虐 イ 虐 サカム ヤム スフ ヒルス　處 シヨ 翻 穴 處 翻 ヨル ニトハル トラ ホル ヤスム　虐 ヒ 虐 ハカル 正 アカル　慮 リヨ 慒 ハカリコト ウラツモフ シモフ

魚部 三百八十五字

膚 セン
膚 カラ 押月
慮 ウヲ・屑
鱧 カツ
虜 フク・トラノカタチ
虐 キヨ・サカサテ
唐月 ツナフ シカス
虜月（タノ）ニクム
ワラカミ ニクム
ンコナシ サヒヤカス

魚
魚魚 キョ
魚魚魚 キョ
鰭月 トヲ
鮨月 キヨ 漁 廃月
魚攵 スナドリ
溪魚

鰊 トヲ
鰻 ヨウ イモチ
魚 コウ ヤミニタリ
魚同 トウ ナヨシ
魚皮 ヒ

鯆 キヨウ
鯏 ヨウ ナタフリ
魚容 ヨウ イシ
魚烏 ホウ シホウシ
魚攴 ハ カツラ フクヘ

熊 コウ
鰭 キ カタナイシ
鰭月 ウシクヒシ ホトヲス
魚王 コ ハタアチ ヒゴ
魚月 ケ ヒシコイヒ
魚糸 ケイ クソナメリ

魁 キ
鯔月 イタノコ アユモ
魚比 ヒ
袖 シウ
魚月 シ ナ
魚田 シ ナヨシ

鰣シ ハソ
魛シウ イサフロ アイモ
[illegible]イ イシフシ
鰦シ 鯝也

鯕キ ニサメ
[illegible]ヒ 魚名
鰄キ
鰸ク ラツノナシ

鮢ス アニカツ
鯜セフ 魚名
鮈ク イシノハラワタ
[illegible]フ 魚名

[illegible]ヒ ヒトイソ アカイシ
[illegible]ホフ シイルカ
鯫スウ イサメ
鰞シ ツクラ イカ メロ

鮴ソ
[illegible]コ ラツノ名ナリ
鱸ロ スヽキ
[illegible]コ ウルハシ セヒ アサチ セノ

[illegible]コ ハニクリ
鯆フ ホ セシナハサハ カサハ
[illegible]コ 魚名
[illegible] イルカ メイルカ

[illegible]テイ
[illegible]テイ イカ
[illegible]ケイ クシラ メクチラ イルカ
[illegible] アシイシ サケ ア又正

[illegible]テイ
[illegible]ハ コヒ
鮠 ハエ
[illegible]ワイ

巻八 動物部上 魚部

(47ウ)

魚思 スクフサメ	鰲 リン	鱺月 ヨツメ アキト正	鮎 サメ正 ラフサメ フ〻ヒ	鱗 リ ウロコ ヒレ	鰍月 ウロコ フサキ 小魚名	鰻 カン
魚君 クン	鰆 リン	魚香 シヤ 醉 ムト正	魚堅 ケン ハウカ正 光	魚処 セン イシモシ	魚連 レン イシ	魚幻 ケフノ ウシク 魚奥名
魚岜 シン ナセサハ	魚香 ムト チヤニ	魚扩 ハウノ ヤニ	鱀月 ウナキシホコリ	魚緑 エン 魚名	魚周 テウ 魚名	魚釦 エフ 鰹月 トヒウシ
魚え ショウ 竈月 魚竈月 竈月	鰻 マン ハム イムコ	魚輪 コシ 魚便月 魚名	魚変 ケン こゝ	魚兆 テウ 魚兆月 アチ	魚肖 セフ 魚名	
魚昆 コン シホイラフ	魚眾 シフ 魚 カン 鰭 ヤモメ ヤモヨ	魚扁月 魚名 ヒラメ アサヤヤリ コミフ	魚半 セン 魚名	鮃 テフ 魚名	魚名 ユフ 魚名	

(48オ)

一四九

鮫カウ サメ正
鰈セウ イツノコ 鯀同
魛タウ イワシナ
魺カ 魚名

鮀タ ヒヲ 鮑同
鱳ラ ヒトツノカミラ トラノミアリ
鮠クワ 鯰同
魣サ ヒヲ メカニ サメ 蔑同

鰕カ エヒ
鰑ヤウ ウナキ
鱆シヤウ
鯖シウ ウシノナ 𩸽同

魟
魴ハウ ナヨシ 鰟古
鮖キヨク 魚名
鰊ヤウ ムナキ

鰿タウ 鰚書 タヒ シニし
鯇カウ ノヘ
鱑クワウ
鯇ラウ カミ

鰉クワウ 魚名
鱧テフ
鯀サウ
魚巠ケイ ヒイシ

鯕キヨウ 大魚也
鰖タイ ウツノコシウ 隋同
鮪イ ハヘ
鮹サ

鱮ヨ 鮮同 鰐 ウナキ 同
鱸ロ スし
鱭セイ 蔑同 鯖 ウナキ
鱺レイ 鱧同 ナヨし 鰥公 ウナキ

鯠ハイ　イシフシ
鮭カイ　蟹月　魼カニ正
鮾タイ　餒ナマクサし　腇月　アサル
鮥カク　タコノタヒ

鱉レン
鱝フン
鰆シン
鰋エン　鰋月　トヒイヲ　アユ

鱒ソン　メアカし　ウルハし　ニヘ
鯶コン　鯀シホイヲ
鮌コン　鯈月
鮫コウ

鯫ソウ　ハリニチ　ハリスリ　ハリニチ　シサし
鯇カン　アメ　ニス
鮏セン
鱓セン　鱔月　鱓月　ナヨし　ウナキ

鯿ヘン　クチミヘ
鱏セン　ニス
鮮セン　鮮月　鱻月　尠　甚佑　ヨミス　イヤし　ウルハし　尠ヨし　アキラカ　ウルハし　アツノし　スクナし　アザヤカナリ正

鰹ケン
鮉セウ　魚名
魦セウ　ヒシ
鱎ケウ　鱎月　鯱月　シロイヲ

鰾ヘウ　ニ　ヲハラ
鮑ハウ　アハヒ正
鰝カウ　カク　エヒ
鱢サウ　コ井

鰂サ　ウツノナ
鯉カ　魚名
鮓サ　鮺月　鰲月　スし　シコし
鰢ハ　ツノハラ

鱶 シヤウ　フカ　イヲ

鱌 シヤウ　魚名

鯁 カウ

鮩 ヘイ

鰚 シウ　イカ

鋀 トウ　イヲ

鰄 カン　魚名

鱧 レイ　ナマス

鮴 カツカ

鯛 テウ

鮒 フ　フナ　正

鯛 コ

鰣 サイ

鰝 カイ

鱠 カイ　ナマス

鱭 セイ

鮪 シ　イルカ

鱇 カイ　魚名

鮄 カイ

鰽 カレイ

鯡 ヒ　イワシ

鮲 ハイ　アメ

鯽 ソク　魚名

鱍 ハツ　鮁 同　魚ノヒレ尾ノ　シロキミ
鮵 タツ　ナヨシ　カツ
鮇 ミツ　カニツカ　似鮠小之
刺魚 ラツ　魚名

鶻 カツ　魚ノトリノ字　アルヒ似リ
[魚乙] ワツ　鯙也
鱴 ヘツ
䲙 セツ

𩵕 ケツ サク
鮤 レツ　魛 同
鯯 セツ　魟 同 也　カツ
鼈 ヘキ　鼈 同　鼈 同　蟞 同　カハメ　蛟 ミツチ

鯖 セイ セウ　鯖 同　サバ
鰝 ハク　魚名
魹 タク　魚名
鰐 カク　鱓 同　鱷 同

鱳 ラク　魚名
鮥 カク
鰈 カク　鰫 同　魚名
鮊 ハク　ヒラ　シロイヲ　ヒヲ

鰳 ロク　鰳 鮥 同　鮥 同　魚名　ハタラク
鰿 セキ サク　鯖 同　フナ
鯽 セキ ソク　鰿 同　鯖 同　鯖 同　カツラ　チヌ　スノ
鰒 エキ　魚名

魡 テキ　魡　ツリ　イヲノワタ　ツリノエ
鱖 レキ　リャク　鰫 同　鯢　クチミ
鰍 テキ
鱋 キョ　魚名

鰂 ソク　鯽 同　ツクラ　イカ　タチナコ
鰼 シフ　鰌 之
魥 キフ　シサシ　ヨチシサシ
鰤 シ　イシノナ　コハシ

魚肉 タヽ	鰨 タ	魚義 ナ	鰧 カワ	鱶 サン	魚光 セン	鱻 シロイヲ
魚合 カフ 似魚魚	鰻 レフ 魚名	魚助 甲月 奥名	鱦 ヒ	鱥 カワ	魚兒 ヒ	魚志 之利又
鮫 セフ コニシリ ホウノチ	鰻 レフ 魚名	鮀 エラ 滕月 タクル	魚畜 タウ	鱥 シ	魚重 シユウ	魚鬼 弁
鯀 テウ 鮑	鱦 ケフ 魚名 イシモル	鮫 セフ 魚名	鱃 ミ エ	鰈 ケフ イシモル	魚青 スウ	鮓 キ
魚盍 弦 鰭 鰭 魚月 フナノナニ	魚棠 ケ イシモル	鰻 テフ イシ	魚秀 シ	鮓 ホウ	魚匕 キッ	魚弱 テウ チウ
						鰺 時正又

巻八　動物部上　魚部

巻八　動物部上　魚部

魬	奥生	魚秋	鰻	魚候	魚今	鯉	奥肉

魚宣 セニエウカ	鮴 シ	魚曼 シ	鮊 ニトリ	鯑 そ	魚遠 サ	魚勞 シシカ	魚納 カツ
魚干 ヘイ	魚冈 ウカラ	魚臼 キヒ	魰 ヒ	尉鯗 キ	鮴 シウ	鮭 シウ	魚都 ナツ
鹹 ラクこ	魴 ハカラ	魚皿 ムキ	蕓 イ	魚歩 ホ	魚竹 ウ	魚七 タ	魚若 ヒシ
魚行 カシ	鮋 シナヨミ正	魚華 キハイ	鮫 ユリ 魚ノヒタノツチノツチ正	魮 ろ	魚参 キニアイ	鮓 コ	鰻 シ エこ

鰖 キ　鮭 ケイ　鮍 ヒ 魚名　鯇 アミ 鯇円

魚九 キウ　魚海 サ　魚劦 カイ　魚量 リヤウ

魚瞿 ク　魚慈 タウ　魚行 カウ 未詳　魚乳 ニウ

鼓魚 エ サクル 魚ノサクル 心　魚葶 ヒラ フナ　鯐 ウナキ　鱴 エ ナヨシ

魚黒 アトキ　魚追 イ イムフし正　魚麗 イルカ正 イ心し　魚夫 カフ

鰲 リン 鰲円　魚長 チヤウ ハム　魚九 イウ ニス　魚卜 ヒシ　魚尚 メナコ

鰆 ラクヒ サハラ　魚數 ソ イルカ　魚倉 イウ タヒ ニス手　龍魚 タワタヒ

鮖 フナ　魚委 タイ アサル正 ラツノタ名之　魚無 エフ　魚走 ツクラ

魵 ㇶ 鮃 カン 鱮 ナヨシ 鯢
　　　　 カニツカ

ヤ 鱶 ツキ
鮀 鱘 ニモナ
　　　　 鰻 ウ
　　　　　 シモナ
　　　　　 鰯 ヨシ
　　　　　　 トシチ
　　　　　　 鮏 ユ
　　　　　　　 カニツカ
　　　　　　　 似リ

魒 ヲヨウ
　 ニタラヌ
魁 トウ
　 東

應永廿三年十一月廿六日写之

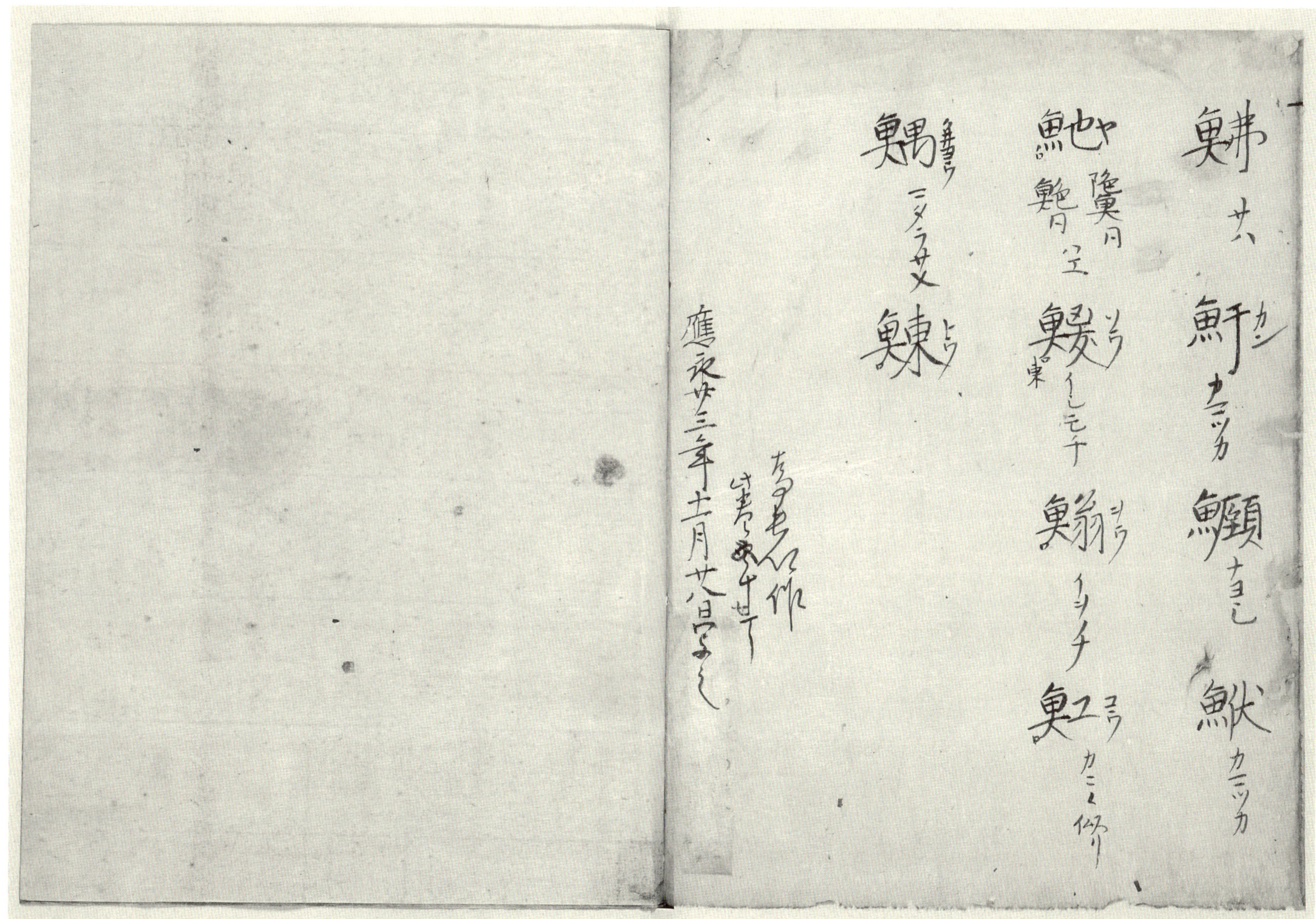

巻九

動物部 中

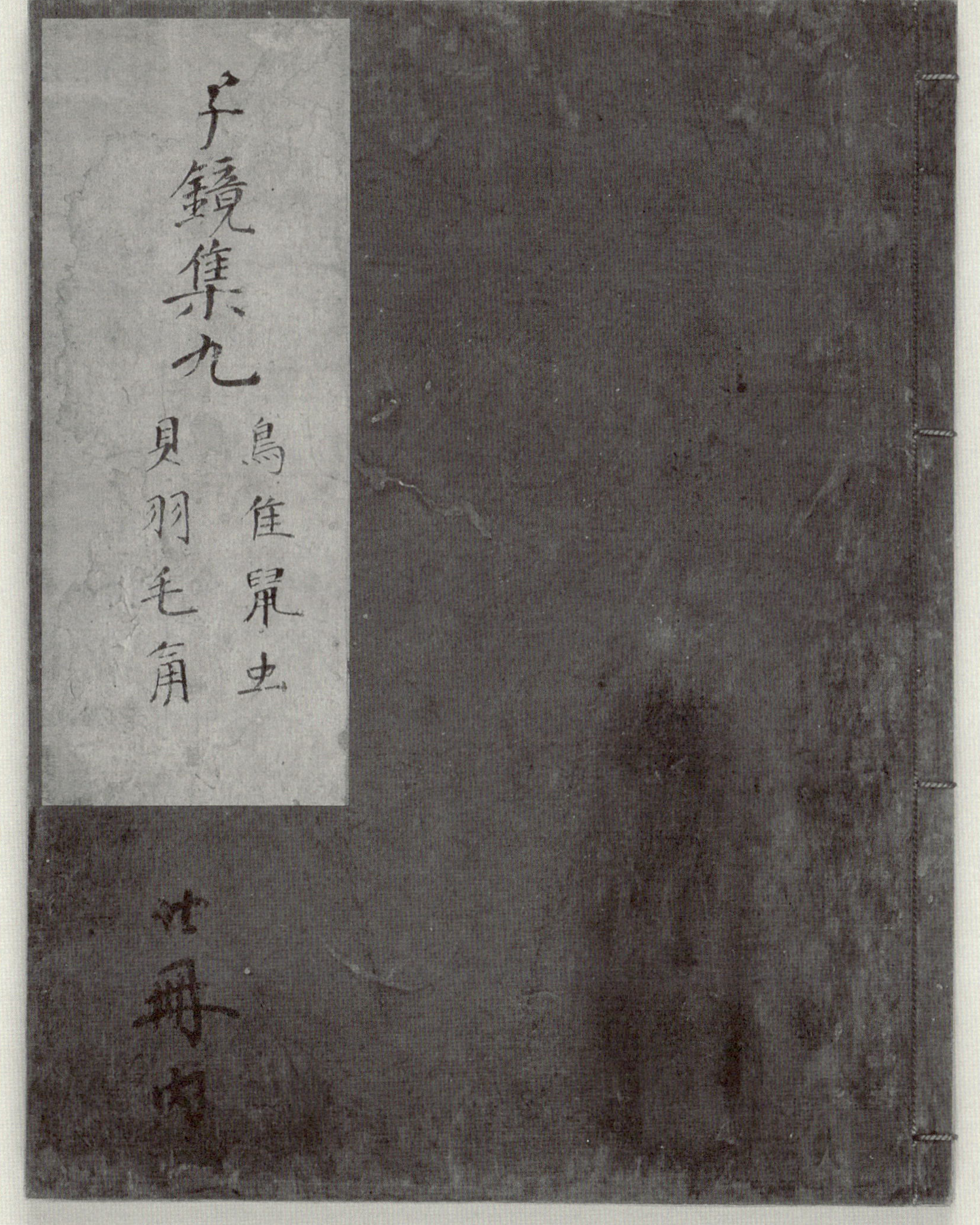
字鏡集九
鳥隹鼠虫
貝羽毛角

字鏡集九

動物部中

鳥隹鼡虫貝羽毛角

鳥部 てう八十九字

鳥 テウ　トリ正　トリノチ
鷺 ロ　鳥名
鶏 テウ　ワシ　トリ正　トリノチ
鸚 テウ　鳥名
鴞 テウ
鶻 コツ　海鳥名
鶖 シウ
鴻 コウ　ヲホトリ　アナ正　イヱタリ　ヨタ
孔 ク　クシヤウ　クシヤウ正　アナ　ヨタ

(1オ)

鶬 ホウ 弁
鶚 ヨウ 勇同 急古 鷸同 鷠同 タケシ正 イサム
鴋 ハウ ホウ タカニテシロシ
鵗 キ キシノコ

鴃 シキ 鳥ノ足ノ赤シ
雉 チ 雉同 鵗古 キシ正 鴙同
鵃 ホウ フ ム 鴘同 鵯同 䳜同 鶚同 䲺同 鸚也
鳺 フ スヽメノ名キ色 越鳥也

鸓 レウ ホトヽキス
鳸 コ 鷰同 鴈同 鵅同 トフ
鸈 ハイ ハイタカ 鴔 ハイタカ
鷣 ヒン 隼同 鶽同 鶻同 ハヤフサ正

鷃 エン 鳳也 ホウ
鸂 カン トリノナ 灘同
鴘 ヘン カヘル タカ カリ
鴹 エウ ナク キシノナク ミシノナクコヱ

鳵 キウ 鵃同 鳩同 鶬同 䲭同 鴭同 鴆同 トリノ名 タカニ手大シ
鴢 ヤウ
䲨 カウ
鴇 ホウ

鴦 アウ ナ鳥也
鴹 タウ 異形有別手ニ フルフ カツ ツク ミホル ラツ カク
鴑 タ
鳥馬 ハ

鳺 ヒヤウ
鴋 ハウ 鶭同
鷩 ヒヤウ 氅同
鴧 ハウ 仙鳥也

鮪 リウ シロキラウツフ
鵤 ヒウ フ スメ
鴡 キウ
鶪 ヒウ ニハトリ

巻九　動物部中　鳥部

右段（2ウ）:
- 鵲 クロウ／ミツトリ／ハシタカ／コタカ
- 鴻 コウ／鴛月／カリ正／ヒヨシ／ろくし／シホヒナリ
- 鴥 シウ／コタカ／エッサイ
- 鵰 チヨウ／鷕／ミツトリ
- 鸗 ロウ／キヨウ／トリノチ
- 鷅 キヨウ
- 鵼 キヨウ
- 鷮 シ／マエ正
- 鶙 テイ／鷕月／トリノミ
- 鸐 テキ／鳥巣
- 鵊 キヨウ／サツキトリ
- 鴷 レツ／鶇東／ミツトリ
- 鷯 ホウ／鵢月／鷯／ミツトリ

左段（3オ）:
- 鵲 クロトリ／ミツトリ／トリ
- 鵒 キ／トリ／鳴月／鳥市／トリノナ／鸎月／鸚月／カハリ
- 鶿 キ／カラスミタリ／ミツカシラ／ムツシヤリ／鳥キ／トリ／鶩／ミツトリ／鷲
- 鴨 ヒチ／トリ／カラス／鸕／ロ／セナカミトリ／義／キシ／斯／饕ノ
- 鶻 キウ／クナ／水幾／鴇／水鳥之／鶤／膳月／鷢／鵈月／翟月／鶴月／ウヒス／こ／ハリ

鵧 ヒ ハト
鵄 鴟ヒ同 殦同 鷄同 𪀔同 鵻同 鴲同 トヒ正
鴀 ヒ ハト
鷄 キ コハト

䳤 ヒ ヒメ スヾメノコ
䴅 ヒ 𩿧同 ヒタリ 鵯同
鵧 ヒ トリ カラスニ似リ
鳷 キ 鳭同

鷏 キ 鷏 鷏同 ケテウナリ 鵂 鶹也
鶅 シ キシ
鷀 シ 鷀同 鴜同 鷀同
鵗 キ キシ

鵯 ヒ 鶐同 蜚同 鵯同 フクロウニ似リ
鶋 キヨ ニハトリ 似鳳
鵑 シヨ
鵙 キヨ ミソサヽイ

鵌 トヨ トリノナ 鵌同
鷸 シヨ カモ
鸒 ヨヨク 鸒同 ヤマカラス 䳮
鴽 シヨ 鴽同 鴽 アトリ スカトリ

鵃 ツス ホテウナリ
鸜 ク シスメトリ 媢 嫉也
鸜 ク 鴝古 鴝同 鴝同 毛鳥同 鴝同 ヌナエシ
鵂 フ 異鳥

鵐 フ 鳥名
鵤 ハ 佐鳥也
鵱 リ 神鳥也
鳧 フ 鳧同 鳧同 鳧同 鳧同 カモ

鵠 コ 鵠 鵠同 カハホリ
鶖 シウ
鷖 ヨ 鷖同 鷖同 鷖同 古 クロシ イカンツ コトニ コシ カラス正 イカテカ コシ
鸕 コ 鸕同 シミツトリ ウ正 ミツトリ

鶬 シウ
鶇 ケイ トリチ
鷵 ト トリノナ
鴣 コ 鮎 ミサコ ヒトヽ ヤニカラ

鶘 コ 鸕 鶘 ウ
䳜 ト ハト
鶆 テイ ラウ ノセ ツフリ
鶵 ス 雛 鵖 トナ トリ

鳺 フ ハト
鳵 フ スヽメ ヒトヽ
鸂 ケイ
鵱 セイ 佐鳥

鷄 ケイ 雞 鶏 ニワトリ 正
鵜 テイ ツフリ ウ 正
鵗 テイ 鶙 ノセ
鴕 ノイ 鴙 ノセ

鷈 テイ ニホ ミツトリ
鶗 テイ 鶗 ノセ
鷖 スイ 鸒 鸔 ミツトリ
鶾 ケイ トリノチ 鵯 鶇

鵃 ハ 鵤 鳩 セ
鶍 カイ スヽメ
鵊 ナイ
鵬 サイ

鶆 ライ ハト
鵅 カイ
鷢 ヒン 真 クニナカ
鷖 ヒン

鷌 ヒン 真 トフ カケル
鷗 ヒン トリノナ
鶥 ミン ナカナリ
鶽 ヒン キヽ

（6オ）

（5ウ）

鸇セン 鸇同 ハシタカ 仙鸇同 ハシタカ
鷂エウ ヨ
鳶エン 鳶同 ハシタカ 鳶同
鷦セン 鳥名

鶣ヘン カルキカタチ
鷯レウ コトリ ミソサヽイ ラストリ アトリ ハヤクキ正 サヽイ ツクノミ
鵰テウ 鵰同 ワシ 正 クマタカ 鷲ワシ
鵃テウ ホトヽキス ヤマノキ ホトヽキス 正

梟ケウ 梟同 フクロフ正 サケ
鴉セラ ツキ サヽキ スヽミ スヽカセ
鴞キウ 鴞同 カモ ワシ フクロフ
鷂エウ ハシタカ正 コノリ ハシタカ

鵬ホウ 鵬同 鵬 スヽメ
鷸キウ キシ
鷃ハウ ヤマトリ
鶻セウ イヘハト ハヤフサ

鶣ヘン 鷂セ クヽタカ
鳩カウ カモニ似リ
鵝タウ 黄鳥
鵊タウ カモニ似タリ

鵖ハウ
鷔カウ 不祥鳥 象
鵯カウ ハト
鵝カ 鵞同 ノセ 歌

鴚カ 鴚同 カリカクヒ 鴐同
鴱タシ トリノ子
鸁ラ 螺同 カタツフリ
鷨カウ 麻 鷨同 キシ

鴉ア アトリ カラス トモナヒトリ
鴚カ カラス カモ
鷹ヤウ 鷹同 ツミ タカヘ
鷯シヤウ

（8オ）

（7ウ）

鵬ホウ　鵬ヲホトリ　鳳古
鷚リウ　イヒトヨ　ツクイフ　流同
鷎ホウ　アマトリ
鵃チウ　キシ

鵅レウ　イヒトヨ　ツクイフ
鵂キウ　イヒトヨ　ミミツク　鵂若
鴇ホウ　鴇同　ハトミチナセ　名ー鳩
鳺フウ　ハト

鳩キウ　鳩　ヤマハト正　アイヘト　ツミ
鴾ホウ　鴾同　ツツラ
鷚リウ　カラホリ
鷯レウ　鷯同　ミソサザイ　鷯　ミソサザイ　カレトリ

鵃イウ　カホリ　鼯鼠也
翗コウ　羽俊
鷗ヲウ　カモ又正　ミツトリ　シトリ
鶊レウ

鴴コウ　イカルカ
鴟トウ　鵄同　カモニ似リ
鴭キン　侵　鴭同
鷸レン　ミツトリ

鷖イン　鷖同　ハシタカ
鴦レン　鴦同
鶴アン　鶴同　鶴同　ウツラ
鸞ラン　読　ホトトギス

鷲セイ　鷲
鴿ケン　鵻同　ヒメ
鵰ダン　雉鳥
鴻エン　鴻同　スクノ　ヤム　トリノナ　クマタカ

鷦チョウ　鷦同　ヌナラヘル鳥
鳩ハン　凡同　カス　ミサゴ正　スヘテ　カルコ
鴨チウ　与
鳳ホウ　鵺同

鶪 ミヤ
鵵 チイサキハト
鷂 レ キジ 雉同
鷧 イ ミツトリ

鳩 シ クニタカ ヨヒコトリ
鷙 シ 摯鳥同 鷙 クチ トラフ
鴜 シ イヒトヨ
鴞 キ フクロフ

鷸 イ クロトリ
翡 ヒ ヒ 翡同
鳶 ヨウ
鶩 フ 鶩同 鶩同 メカモ カモ カハスヘ

鵌 ト トリノナ 鵚同
鷺 ロ 鷺同 鷺正 鷺同 俗
鶪 ケイ キツ 鶪也
鵝 エイ

鶆 ライ
鶤 カイ 鳥名
鷟 サイ イヘハト ハト
鴃 ケイ 異鳥也

鶡 カツ カツ 鶡也 鶡 カツ
鵧 カイ 鵧同
鴔 カイ 鵧同 鳥名
鷹 ヒン 俗

鶂 ヒン 鶂同
鴲 シ 鳥名 鳥也
鵜 トウ タン ミツトリ
鷚 サン

鴨 タン 鴨同 鴨也 カモ
鸛 クワン 鸛同 ミツトリ
鴈 カン カリ 鴈同
鷃 アン 鷃同 鷃同 チカヒ スヽメ ヒハリ ハシタカ ヤカクキ

（10オ）　（9ウ）

（11オ）

（10ウ）

（11ウ）

（12オ）

鷿 ヘキ 二木
鷁 ゲキ 鷊同 鵯同 鶂同 ヨシキリ ミツトリ カサヽキ
鷹 ヨウ 名タカ
鴥 ヨク 鷸 ハヤ

鳺 チヨウ ヒキヽノモミツ ヒロキ ナリ
鸃 ヨク イカヽ ヒヨカラ タスク
鷙 チヨウ 鷙同 鷲同
鴋 ハウ フクロウニ似リ 鳥名

鶒 シヨク 鶒同 クロタツ 朮カ正 カルメ 花 カナリ ミソサヽイ
鵖 ヒヨウ
鴏 トウ
鷶 シヨウ 鸊同 鵯同 トツキツヽヒヘトリ

鷨 リウ 鵒 イカル
鴙 キウ
鵨 シウ シトヽ
鵱 リク ツヒ

鶇 キウ 鶇同 鶇同 ホトリ
鴊 シヤウ 鳥名
鷫 シク 鶔同 鷫同 鷅同 ハヤフサ
鷚 ボク 鷚同 スエ ミツトリ

鵩 フク 鵖同 ハト ウツラニ似テ大也
鶁 リク 鴗同 野鵝也
鵵 トウ ミツトリ ホトリ
鵜 ホク

鵃 フク
鴇 ホウ キシニ似リ
鸀 トク
鵙 キク 鷂同 ツヽミ

鶱 ヨウ
鵲 ヨウ コウ正 クヽヒ ツル キナツル
鵮 キヨウ カモニ似リ 鳥同
鸐 タク シヨウ ヤマトリ

鵒 ヨク　又 イヒトヨ　⿰虫鳥 同
鸐 タク
鸑 カク　ホウノタヒ
鸒 アク　カク　ヤマサキ　サキ
鷟 サク　ホウノタヒ
⿰密鳥 ヒチ　コエタルトリ
⿰桼鳥 ヒチ　⿰辛鳥 同　⿰牟鳥 同　鳥名
鷅 リチ　鳥名
鷝 ヒチ　鳥名
鳦 イチ　ツハクラメ　乙 同
鴃 イツ　鴂 同　鳥名
鴄 ヒツ　鴨タクヒ（カモノ）
鷸 イツ　⿺辶鳥 同　ホウ　ソヒ　ツクリ
鴥 イツ　トフ　ナク　ハヤクトフトリ
⿰桼鳥 ヒツ　トリノナ
鶌 クツ　カヤクキ　ハト

⿰翕鳥 キフ
⿰鳥及 キフ
⿰鳥乏 ヒフ
鴿 カフ　イヘハト　ヤマハト　ニトリ
⿰沓鳥 タフ
⿰巤鳥 ラフ　⿰巤鳥 同　⿰獵鳥 同　⿰犭鳥 同　トヒタツ
⿰罒鳥 タフ テフ　トフ　⿰翖鳥 同
⿱契鳥 カフ
⿰鳥砝 チフ　⿰鳥辵 同　⿰追鳥 同　⿰鳥鳥 同　⿰鳥帛 同
⿰鳥耴 テフ　トフ
⿰疊鳥 テフ　ニノカシラ四ノアシアルナリ　カサヽキニ似タリ
鵊 カフ
鴨 アフ　⿰鳥甲 同　⿰奄鳥 同　⿰鳥邑 同　⿰鳥畐 同　⿰鳥邑 同　カモ　ミツトリ
⿰葉鳥 セフ
⿰翕鳥
⿰虫鳥 セウ　鳥紅反　螢　テフツヽキ　徒冬反

鷸 在容反

鷵 ヤウ 羊恭反

鸃 古隨反

鵋 キ 巨支反 キシ

鷉 シ 息夷反 ヒエトリ

鷽 カラスノチヤウ 烏訛反

鵗 キ

鴡 ショ 且余反 鴡同 雎同 ミサコ ハト

鸛 コウ 乎圭反

鷄 ケイ 鷄同 鶏同 ニホ

鷐 シン

鵈 シン

鶞 シン

鷤 セン トリノナ

鵻 スイ 雅名 鵻同 鵻同 鵻同 鵻同

鴹 ヤウ

鶆 ライ

鵁 キヤウ

鵅 カク スヽメ

鴴 カウ チトリ

鳹 リン タトリ

鸖 コウ 鸖同 ツル ノ類

鶶 ホウ

鴔 ハ

䳋 タイ

鳩 タイ

鳩 鳩同 烏道反

鴇 ホウ

鶡 ウエン 巨亘反

鷔 コウ 又古角反 鷔同

鴆 イウ ワシ

鵦 リヨク

(15オ)　(14ウ)

鵂ミ
鶹リウ
鸛カン
鸛同
鴔ハフ

鵖キフ
鸅セウ
鵅同
鶓トヒ
鵃テウ
ミソトリ

䳍ヒエトリ
ニハトリ
鳥ウシ
鶔
六秦レン
鵻イン

鸞ラン
鷚キウ
鸕
鸕同
鸕同
鴘キヨ
鵚
音突
䳓ケン

鷽シ
嶋同
メトリ
鴴
タカヘ
シタカノシヘ
鴟シ
鳥同
鵗シ
ホトヽキス

䴇キ
鷢シツ
鶛
カリメ
鳿
ユトリ

䳸
クヽヒ
鷵
イヒトヨ
ヒエトリ
ヒツ
鷲
宿翟
テキ
反
鸓ロ

鵧
カヒトリ
鳩
子公
鴭
鴝
小鷁之

（16ウ）

鵣 ライ
鸃 キ
鸇 セン
鵰 セウ

鶩 音杉
禮鳥 レン カウナイ ヒトヽ
鳧
鵗 ケン

鷭
鴓 ヘウ
鳻 カイ
鴩 フ 音斧

相鳥 ツ 鳥名 音相 シヤウ
賣鳥 鳥名 音賣 カ
足鳥 音足
奪鳥 ヒトヽ

（17オ）

趍鳥 シ 鳥名
鵂 イ フクロフ ツク
鵤 イカルカ ツクリ
鴾 クラツキ タウツキ

鴫 テン ミキ
壺鳥 クヒナ
騰鳥 ヨトロカス
禾鳥 コメカ

回鳥 ウイ トリノナ
鶄
鸊 ヘキ 鸊月
羅鳥 ラ

米鳥 キヨ 鷸 ヨク 一名章鷄
鴾 ラスメトリ
參鳥 サン
入鳥 二木

鴑ト　ヲアトリ　ミサコ
鷬クワウ
鶧　音仙
鷩ヒ　ノセ

鴡　ミサコ
鸒　ヨ　ソヒ
鶚シヤウ　鶚同
鷜アノ

鶉　ムラトリ
鴃　クチスフ
鴨　ヒキ
鶵ス　ヨウ　雛同　鶵同　ヒナ　トリ

鳩フ　ハト
鵐フ　スヽメ　シトヽ

隹部　九十九字

隹ヒスイ　雋　トリ　ハト
雄ヒ　鴟同　トヒ
雖ヒ　コトリ
雖スイ　雖同　タトヒ　イフ　コヽ　イツクス　イトトモ

進キ　ロ　カツリミル
唯井　唯同　ヨシ
雁ヨウ　鳫　ロ　ヒタツトナリ
雄イウ　ヨウ　ヲトリ　ヨシ　ラルヨシ　スクル　ヤトル　サシ　カタ　ヨシ

雝ヨウ　ミトリ　雝同
雝ヨウ　鶅同　雝同　ヤハラク
雙サウ　雙同　ロ　ナラフ　ナラフ　ヒトツ　スミ　サカロノ
雉キ

（19オ）

（18ウ）

巻九　動物部中　隹部

右ページ：

雗 シ
ニハトリ

雇 シム
芦ヤ

雠 ショウ
烏ミメ

鷦鷯 フミ

雛 ショウ
トリノナ

鴟 シム

隼 シュン
鷂 ハヤブサ
鷹月 コユタカ
ヤフサ 鵬ヲ
ヲタカ

雉 シ
鷂月きじ
鴟月キス
鴃古

雅 ガ
鴉月 イサヽカニ
鴝鵡 シタヒカリ
擔月モトヨリ
カラスヒタカリ
ミヤヒカリ
カモカラス
サカリ
トシ
ヨシ
ヒシ
ニコト

雀月 キウ
鷙月
雀 カナツキ クタク
舊 旧

雒 ラ
雀 スミメノコ

左ページ：

雁 カウ
雎 ナ

雀 ちや
鳥月 スミメ正
コトリ
ヒトリ

雄 スイ
又音隹

雊 カウ

雈 クワン
ムラトリ

雒 キウ
徳紅又
七余又
鶉月 ハト
鷁月 ミサコ

雛 ヨワ
鴿月

雖 キョウ
鳥名

雕 キウ
鳥名

雜 コウ

申隹 コウ

号隹 カウ

翟隹 ラ
トリ

雈 シャウ
昔隹 カミキ
鶍月

翟 タク テキ キシ ナニトリ ヒナ アキラカナリ

隻 音 隻 隻同 ヒトツ ナシ アヤシ ヒトリ カクル

䳟 ケイ 鶪同 鶪同 鳥名 モス

堆 ヨク 弋同 隹同

集 シウ 雧同 ヒク アツム イタル アツマル ヤスシ ナラフ

雜 サフ 襍同 イロフ マシフ ミタル カサヌ

雞 ケイ 小雞

鶩

雅 カン カンワテ音 雃

雧 アツマル

雚 ト 鸛同

鸐 アタナシ

難 ヒン 音賓 コトリチ

䨆

雄 ナク

鼠部

五十八字

鼠 ショ 鼠同 ネズミ

鼩 ク 鼩同 ネズミノナ

鼯 リウ 鼯同 鼯同 タケネズミ

鼷 ケイ タチネズミ

鼶 シウ ニタラネズミ

鼴 エン ウクロモチ

鼸 テイ ネズミノナ

鼠

鼵 コウ ネズミ

鼭 シ ネズミノナ

鼩 ク　鼩同　[illegible]同
鼯 ゴ　[illegible]同　[illegible]同　ムササビ　カホリ　モミ
[illegible] コ　胡鼠同　[illegible]同　ネズミ
鼷 ケイ　アマクチネズミ

鼢 フン　蚡同　[illegible]同　ウクロモチ
[illegible] コン　ニタラシノネズミ
[illegible] ヘン
鼲 コン

鼧 タ　ネズミ
鼦 テウ　ネズミノアカキ　[illegible]同
[illegible] タウ　ネズミ
鼪 シヤウ　[illegible]　[illegible]同　[illegible]同　イタム　ネズミノナ

[illegible] ケイ　ニタラネズミ
[illegible] ケイ　同上
[illegible] ヘイ　ヒヤウ
鼮 テイ　[illegible]

[illegible] カム　[illegible]同
[illegible] シキ　[illegible]　[illegible]同　[illegible]同
[illegible] ハク　コネズミ
[illegible] ガイ

[illegible] ハウ　シヤク
鼬 イウ　ネズミノナ　イタチ
[illegible] ボク　[illegible]同　[illegible]同　ネズミ
[illegible] [illegible]　鼵 トツ　鼠突　没

[illegible] カク　ネズミ
[illegible] セン　ネズミ
[illegible] カク　[illegible]同　ネズミノナ
鼫 セキ

鼳 ケキ
[illegible] ハン　ヒネズミ　カワラヒタムヒ
[illegible] ヘイ　ネズミ
[illegible] [illegible]　除久久

鼥ハイ　鼣同　拔癈叉
鼸ヨシ　イタム
鼷コシ　チスミノナ
鼳キキ

鼩シン
鼹コウ
鼬タウ
鼰ジ

鼹ウクロモチ
鼲コウ　スチミ
鼨サン　ヒロシ
鼯ムサヽヒ

鼸ヤウ　チスミ

虫部
六百三十四字

虫キ　チウ　ムシ　フトウシ
蝃イイ　蝃同　雲　クモ　タナヒク　クラウシ　クモ
䖳キ　杏同　袖同　カムシ　虵也
蚕コウ

蛹ヨウ　蝺同
蕎キヨウ　蛬同　蛩同　キリキリス正
蚪ハウ　蜂同　ハチ　ヤユカシ　ハコクリ正　ヒスルハチ
蛘ヒ　セミ

蟻キ　蛾同　蟻同　蛾同　蟻同　キサヽ　アリ　ヒクリ
蛇キ　カニ
蟢キ　チイサキクモ　クモノコ
蚜ヒ　蚄虸

(23オ)　(22ウ)

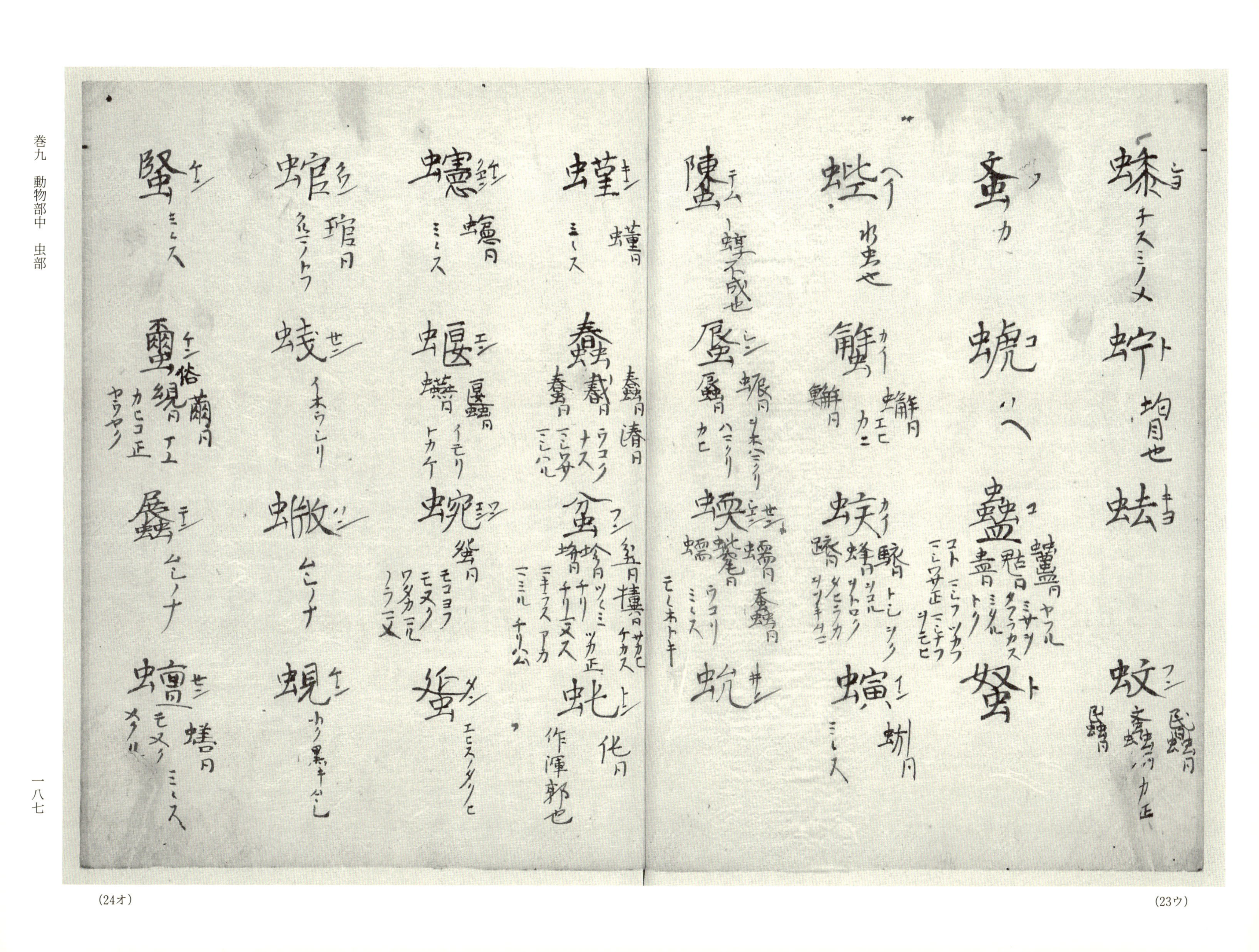

(24オ)

(23ウ)

（25オ）

（24ウ）

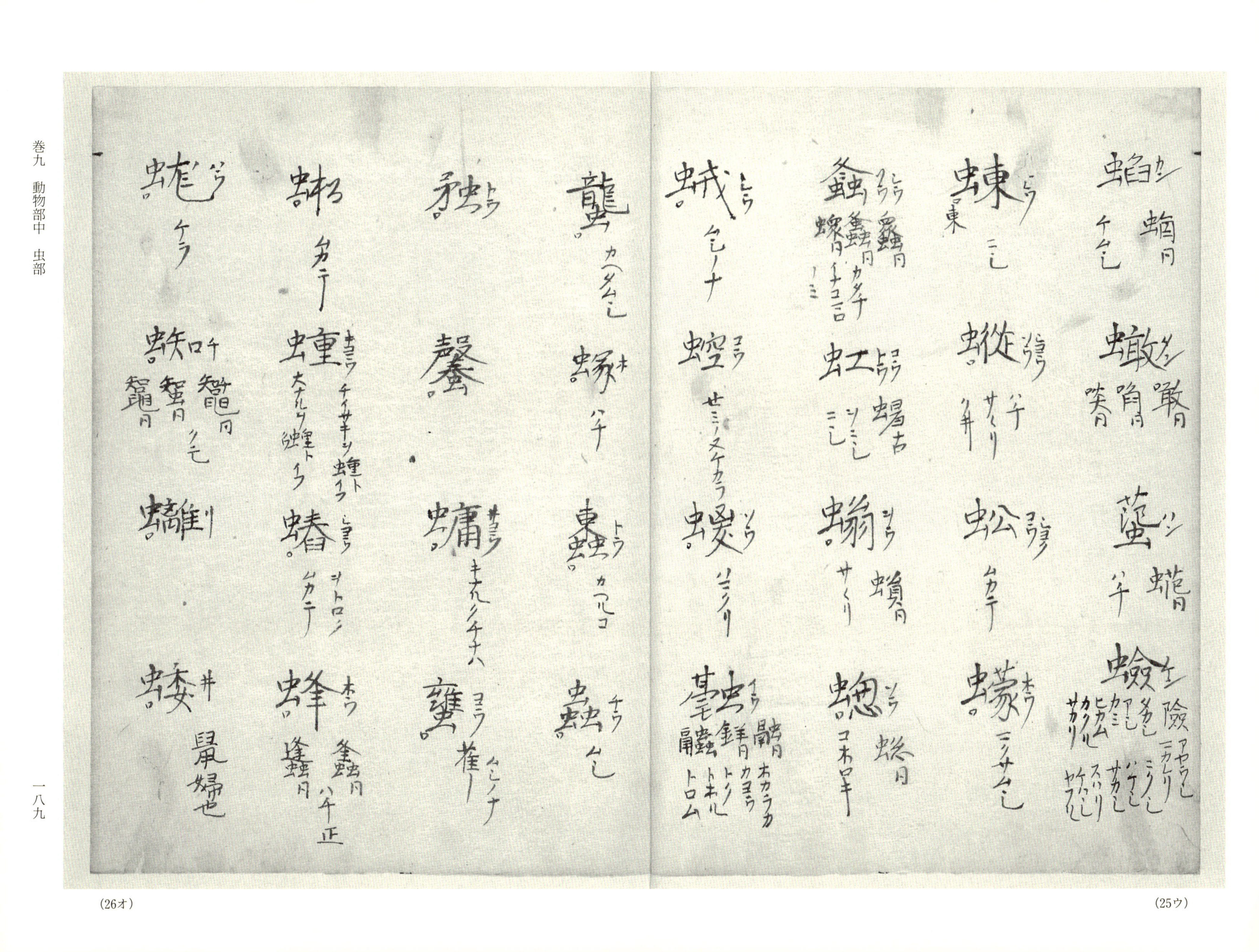

(25ウ)

(26オ)

蟡キ　螇同　フタツノカシラ　アテムヤミタリ
蚑キ
蜻シ　ミホカメ
蚳キ　蠶同　蠤同　アリノ

蠡リ　ヤクカヒ　ナメクシ
蚫サ　蛇同　蜲同　蜣同　クチナハ
蠘キ
蠐セ　蝺同　タツノミツチ

螭チ　セミ
蠬シ　蝸同　タツツリ　ナメクシ
蟖シ　蟴同　ノナココロ
螢シ　蛍同

蟄シ　ツミ
螿シ　ヨチクラフムシ
蠯シ　蠯同　蜎同　ハニクリ
蠲リ　蠲同　ツル

蝴ユ　蝶同　コカイ
蠝リ　ムサヽヒ
虮キ　ムシノナ
蝌リ　カテ

蛜イ　蛷同　蟈同　鼃同　婦也　ヨメムシ
蚔チ　蚔同　蠶同　蠹同　アリノカヒコ
蠶シ　蚍同　蟻同　蟻同　シロアリ　アリ
琵シ

蟘キ
蠎キ　蛇ノ名
蜧チ　ナメクチ
蠀シ　蠐同　蟦同　スクモムシ

蛳シ　カヒ
蜊リ　蛪同　蟿同　蟿同　ハマクリ
蛦イ　ムシノナ
蟬チ　ヒル

蟇 キ 海虫也
蜞 キ ヒル
虬 シ ムシノユク ナシル
蟦 ヒ スクモムシ トシム

蟣 キ キサシ
蚚 キン ムシノナ 強即時也
[illegible] ヒ アクタムシ カハムシ
蝛 イ ヲメムシ 鼠婦也

蝑 サ 蛸月 ムカテ 蟹月 イナコ
蚷 キョ 蟝月 ナメクチ
蠩 ショ ヒキ ヒキカヘル
蛆 ショ 俗 胆月 蛆月 蛆月 蛆月 ハウシ

蜍 ショ ヒキ クモ ヒキカヘル
蜛 キョ 水虫也
蠷 ク アリ
蝺 ク カケロフ

蚼 ク 蚼月 アリ
蝓 ユ ナメクチ カタツフリ
虷 ウ 蚈月 ナメクチ
蛛 ツ 鼄月 クモ

蚨 フ ミツムシ
螸 ユ 蝓月 ハチノミニクキシ
蠦 ロ カハムシ
蜈 コ ムカテ

蛄 コ ヨナムシ セミ ケラ
螐 ツ ムシノナ
蜅 ホ カニ
䖶 コ 鼯月 蝙 カハホリ

蜺 ケイ ウシノシラミ クヒ
[illegible] ケイ ミシ セミ

螇 ケイ 昏 ハタハタ セミ ツクツクホウシ
[illegible] ケイ ホタル
[illegible] テイ セミ
蝭 テイ セミ

蝰 ケイ　蝰 同　コカヒ

蛟 ハイ　蝗蛢也　イナクラムシ

蚘 タイ　蛕 同　ハラノムシ　蛔 同　ハラノウチムシ

蜠 キン　カヒ

蠵 ケイ

蛙 ワ　鼃 同　アヲカヘル　カヘル正

蝝 タイ　蟓 同　ウセル

蝲 シ　螟 メイ也

蟗 ケイ　毒虫也

蝸 カウ　カタツフリ正

蛁 タウ　ヒクラシ

蝴 シ　蟖也

蠡 ケイ　薄欲破也

蜡 カイ　蠘 同　蜡 也

螓 シン　コホロキ

蚽 ヒ　ヒヒナ

蠙 ヒン　蠙 同　ハマクリ

蝹 ウン　蝹 同　ミミス　ワタカミ

蚖 クワン　蠵 同　カラスヘミ　蝪 同　トカケ　ムカテ　カラスヘクチナハ

蛐 コン　蜎 同　コムシナリ

蜦 リン　蜧 同　ワタカミ　ミコマリ

蟥 クワウ　ミミス　スクモムシ

蝬 エン　猿 同　猿 同　ヤコモリ正

虷 カン　寒　カニ　虷 同

蚼 ク　セミ　ヲナムシ

蟠 ハン　蠜 同　蠜 同　ワタカマル正

蠜 ハン　チコモリ　ムカテ

蟳 タン　ヒヒノカヒコ

蚡 フン　鼢 同　人名也

蠱 クワン　コカミ

蠍 ケン　セミノムシナリ

蠮 アン　虫名也

蠻 ハン イタム エビス ヤフル シコル
蟠 ハン トクヰ之
蟹 ハン ー蛬
蜫 カン ムシノナ

蚚 キン
蝙 ヘン チイ カハホリ 井
蜎 ケン ミカラ
蚿 ケン ナイサウ ロキ ムし 蠲円

蝘 エン 蝘 セ
蜒 エン ナメクチ 蝏円
虹 コウ 蝃円 蝀円 セミ
蠉 ケン 蠉円 螺円 ミカラ 蚀円

蜷 ケン カウナ ニナ ニナル
蝘 エン 蝘円 ヒロラミ コヒラミ
蟬 セン セミ
蟺 テン 蟺円 井モリ

蠸 ケン ラリハヘ
螅 セン カヒ
蝝 エン アリノコ
蟤 セン

蠭 蜷 ヒクラミ 蠑円
蠽 セン ハミクリ
蠉 セン 水中虫也
蟰 セウ ヒク サクリ

蟂 ケウ ミツムシ
蟟 レウ セミ ツクノホウシ 蟉円
蛁 テウ ツクノホウシ 蛁円
蜩 テウ セミ ヒクラシ 蜩円

蟄 チウ
蟯 セウ 腹中ノ虫也
螵 ヘウ シホチカフクリ イホウシリ
蟆

[虫少] ヘウ　カヒコノハシヌキ出　ミウナリ
[虫要] ヘウ　[虫追]同　地名
蟜 キウ　ムシノコ
蛸 セウ　タコ　スル文　イホウシリ　アシタカクモ正

蜱 ヘウ　蝱同　[虫卑]同　イホシリ
蟭 セウ　タニ
蛟 カウ　ミツチ正　龍ノ子ノ事也
[虫肯] カウ　螸同　[虫肯]同　フサノ

螬 サウ　蠤同　モムシ　スクモムシ
蚼 サウ　[虫里]同　ナセ
螯 カウ　蟼同　螯同　[虫敖]同　シホツ文　ウミカ文　カニ　カニノシホツ文
蚵 カ　歌　カメ　井モリ　カクカヒ

[虫虫虫] タ　[黽]
蝸 クワ　イホワシリ
蚪 クワ　カワルノコ
螺 ラ　[虫羸]同　ツヒ　[虫蝸]同　カタツフリ　[鳥鳥]同　ヤクカヒ正　カヒ

蠡 レイ　[彖虫]同　ホタテカヒ　蠡同　[彖虫]同　カヒ
蟆 ハ　蟇同　蟹同　蠊同　蟆同　カヘル
蚆 ハ　カヒ
蝦 カ　カヘル

蠖 クワウ　カタツフリ
蚒 カ　ヨナムシ
蟺 キヤウ　カヒコ
蛘 ヤウ　痒同　蝆同　皮痒也

蛀 キウ　シホムシ
蜣 キヤウ　蜋同　タウムシ　アツムシ
蝪 キヤウ　ナメクチ
蜋 リヤウ　蜽同　イモウシリ

蚟 ワウ　コホロキ　セミ
蚄 ハウ　螟也
蟂 ヒヤウ　トカケ
蠁 ヒヤウ　セミ

蠰 ヒヤウ　蟓同 イホウしり　臺 クムし
蝪 タウ イホウしり
蠊 コホロキ
螳 タウ イホウしり

螗 タウ ムニセミ ヒクラし クニセミ セミ
蟥 カウ 蒿也
蝗 クワウ ヌカムし
螃 ハウ ムしノナ

蚢 カウ ヨモキノハムし
蟷 タウ 螳同 蟷 イホウしり カしキリムし
蠰 タウ 蟷也
蚌 ハウ アこ

蜼 セイ　猩同 猬 ヤモリ 蝹也
蠑 エイ 蠑同 トカケ
鼃 ハウ 蟾同 似蟹小也
蟹 カイ カヘル

蠭 ハウ　蚃同 蛸 鎗同 蝆同 ヒトムし
虰 タウ 杅同 カタムし
蜻 テイ 蜻 セイ コホロキ 蠆同 セミ
蛉 レイ 蟲同 クツムし コホロキ アリムし カケロウ ハエ

蛢 ヘイ ムしノナ
蠹 レイ 木ノ名
蜓 テイ 蛉同 トカケ 蜓同 セミ
蠀 テイ コ

蛵 テイ コホロキ
螟 ヘイ ナエムし
螢 ケイ 螢同 ホタル正
蠅 ヰヨウ ヤニカし

蟒 ヒヤウ 螣同 蟒同 ナヘムし
蝇 ヰヨウ 蠅同 ウエ
蝣 イウ 蛸同 蠐同 蝣 ナメクチ ヒラムし
蛊 チウ クモ 蠹同

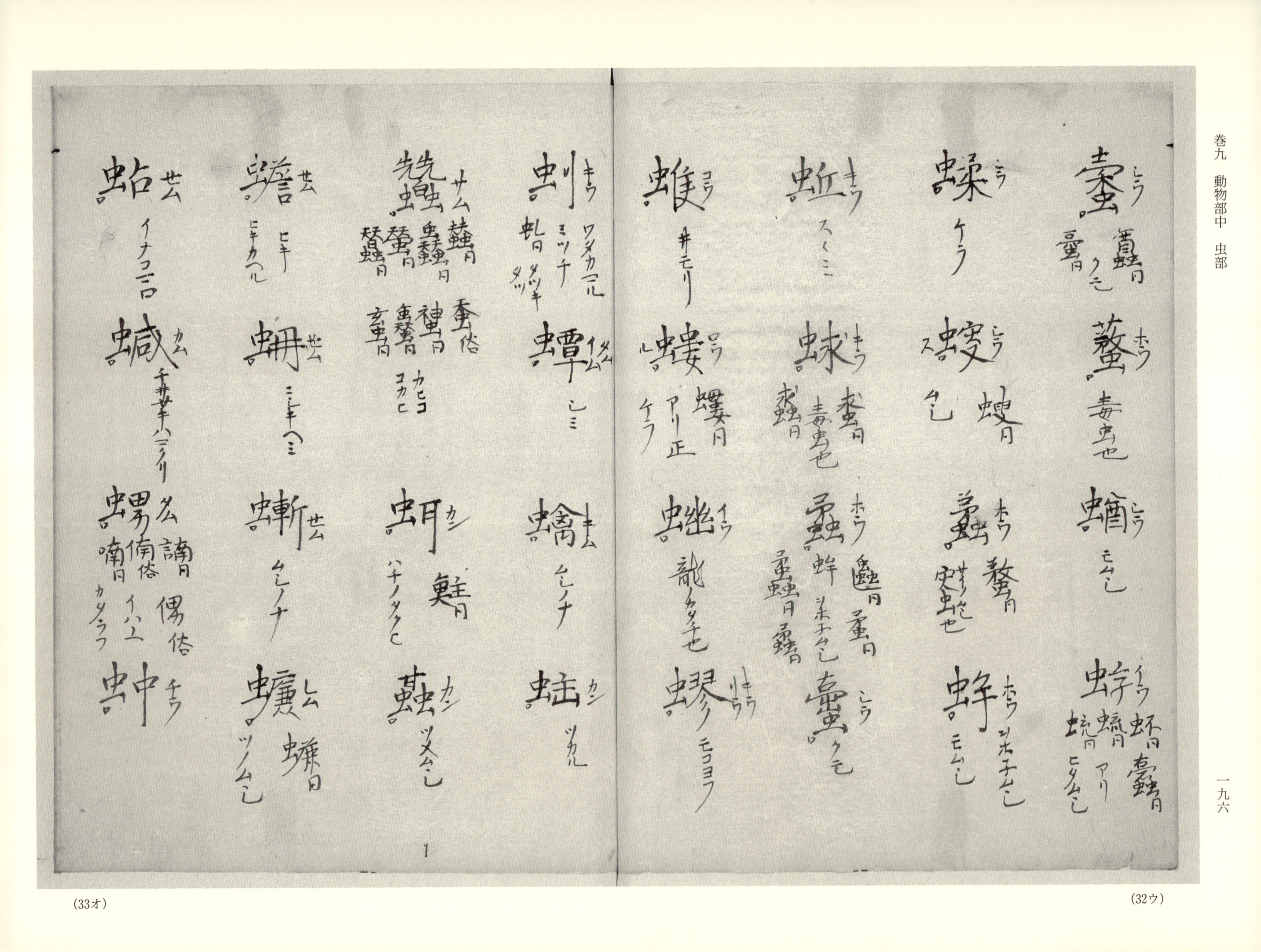

(32ウ)

(33オ)

蝨 イ
蜼 サイ ユウ　䧳同　狖同　カヒル　ヒラノサル
蝞 ヒ カニ似リ
蠘 チ　ツヽル

螌 ハタ〳〵 イナコ
縫虫 井 アミ
蚉 ヒ クモニ似リ
蚼 ヒ 魚シツル名也

蜩 ヒ 蠭同 蟪同 ムシ
蝟 井 ムカシ
蔚虫 井 蔚虫同 ハアリ
蜚虫 ヒ 蜚同 ヘヒリムシ アフラムシ

蠠 ヒ
䗻 毎 カヒコ 蠶 毋生也
蠱 ヨ 蠹同 ムシノナ
蠅 ノ 蠅虫也

蚹 フ カタツフリ
蠱 ショ 蠹同 ムシノナ
蛀 ス ムシノナ
蟢 ス 猜同 黄花犬黒キカヒラ

蝥 ハウ 蟊同 シホムシ 蝥同 クモ
蛌 ホ ムシ
蚨 ホ 蚨同 カケロフ アリクメツヽ
蚪 ト

蠹 ト 蠹同 ムシ
蝃 テイ 蝃同 ミム クモ
蟪 ケイ ヨナムシ ケラ 正

蛃 ヘイ カ
蜕 セイ エツ 蛻同 ヘヒノモヌケ セミノモヌケ
蠣 レイ 蠇 蠆同 タヽ
蚋 セイ 蚊 類也 蚊蚋

（34オ）　（33ウ）

蛽 バイ　貝俗　蜆俗 カヒ　カヒツモノ

蚧 カイ　介俗

蟓 カイ

蠆 サイ　毒虵

蟾 シ

𧎚 ヘン

蟦 サン

蠙 ヘン

蠶 サン

蟜 サウ

蝤 セン

蠺 タミ

蠹 サン

蠻 サ

蜡 サク

蛇 タ

蝟 サ

蝓 サ

𧏾 テイ

蝶 ソウ

蜈 キン

蛾 イウ

蟚 ホウ

蟀 ロク

蛺 カウ

蝀 ソク

蟕 キン

蛛 ホウ

螥 ヒウ ツキナムシ 又
蝠 フク カハホリ
蝮 フク ハミ
蚮 ヒウ 蛛月 蟄月

蟓 チウ 蚿也
蚇 チウ キリヽス
蠊 レウ ハタヽ セミ
蛙 リウ 蛔也

蝳 トウ 蝳月 蛔月 ムシ
蠋 シヨク ムシ
蠋 シヨク ミカラ クモ クハノムシ 蠋月
蠗 タク チイサキハニリ 擢月

蚭 ヒツ コホロキ サヒ
蛭 テイ ヒル
蟁 ヒチ 蜜月 アミ 蠅月 ミチキ
蚣 ヒウ クロハチ

蟫 ヒチ キリヽス 蟫月
蝅 シツ 蟀月 蝍 蛆也
蝨 ヒツ 扈 龃古
蝗 リツ 蝨ノ ムシナ

蛣 キツ キノムシ
蛥 チツ ケラ
蝍 セツ シヨク 又 ツキナムシ
蠹 チツ アラ

蟥 ヒツ
蝎 ヒツ 羽蝎月 ノ 蝙也
蝨 ヒツ 遥月 蝨月 風月 ヒラ三正 蟸 蛐月 傳月 蝙月
蛄 クツ キノムシ

蛾 ヒウ
蟣 ヒウ 蟄也
蠍 ケツ
蟨 クツ 鼠也 ネズミ

蟟 リヤウ
蜦 ヤウ
蜋 リヤウ カケロフ
蟤 ソウ タニ

蛶 カウ 蚲同
蠖 ワウ ヲキムシ シヤクムシ タクムシ 蚇同
蚩 アウ イホウシリ
蝒 メウ カムムシ

蝶 タウ 張也 ハウ 䖝也
虼 タウ カハムシ 螪同
蛒 カウ スクモムシ
蠌 タウ カヒノタヒ

蚱 サウ イナコ セミ
蚅 ヤウ ・クハムシ
蟈 カウ カヘル
蜮 ヨク ノミ 蜮同

蟦 セキ コカヒ 鰿同
蚇 セキ ヲキムシ
[illegible] テキ
蜴 エキ トカケ ヰモリ

[illegible] キ
螫 セキ 螫同 蠚同 迹同 蓋同 蹟同 蕃同 赤螫名也 カヒコ 芝 サソリ アリ
蜥 セキ 蜥同 ハタヽ ミヽし
蜥 セキ 蚸同 ハタヽ ミヽし

蚚 ヒキ ハタヽ
蟖 ヒキ 蚚同 イナコ 蟀同
[illegible] 余 ヰモリ
蝀 セキ 螰同 イナコ 蝬同

蛨 ヒキカヘル
螜 セキ 蟿同
[illegible] ヨク
蝍 シヨク

(38オ)　(37ウ)

螠 ヨク コハチ
蠘 ヨク 蜮同 カホリ
䗅 ヨク
蟜 ヨク

䘃 ヨク 蝿同 ムシノチ
蝮 ホク ムシノチ
蠌 ホク カハホリ
蟚 ソク 蛾同 アリノムシ

蚮 トク 螮蝀也
蟘 トク 蟘同 螣同 蟘同
蝥 ホウ 姓也
鼈 ヘツ 鱉同 アラ

蟄 チツ カクル キモシ アツム コモル スコモル正
蛤 カフ ハマクリ 龕同
蝫 タフ 蠦
蠦 カフ 蹹也

蠟 ラフ 蠟俗
蟕 テフ 蹀同 蟕同 ハヒムシ ノホル フムシ
蝶 テフ 蝶同 蟎同 テフ正 カケロフ
蛺 ケフ カケロフ

蝭 セウ 蟏同
蝈 タウ 小蝉也
蝬 セフ 嗜同 蓮同 醿同 嗟同 ハサム スミル フクム ハサム
蜐 ケフ

颫 フウ ムシノフエカし ミモル
筮 セウ
蝬 セウ
虾 ヒ

蝮 ヤ 観又
蛆 チ アリノコ
蝂 リ
蛆 ヨ

蚷 キヨ
蝬 ユ
茧 大西反 セイ
蚉 旅民反 ヒ
蠻 リン キリ〱ス
蟜 居赤反 キヨ キヤク
蠒 ケン
蠨 セウ クモノコ
蚆 カ
蚜 火平反 カ
螂 ラウ
[illegible] 乃丁反 テイ [illegible]也
蜈 トフ 呼鈴反
螣 トウ 食禾葉虫也
𧍴 ホウ
蟗 イウ 尤 クモ 胡求反 キウ

蠘 子廉反 レン
蝛 コン 炎咸反 カン 二ノ音 海虫
蚾 薄婢反
蛭 職叓反 シツ ハミ
𧒂 ス
蠐 フ
蜠 キン 其ー
蚃 於遠反 スミヤカ ハヤシ メグル エビ
蜓 テン
蠉 テン
𧓕 子充反 イウ 虫ノ食
蝹 アウ
蝮 フ ムシノ大ミミキ トクシチス
蛋 タン 大敢反
蟦 キ 丘貴反
蠿 蠿月 公戾反 レイ ミウ

[illegible] 呼貴反 知列反

蝐 ダク 又莫沒反 クモ

螞 バ

[illegible] ジヤ

[illegible] キツ アヽシ

[illegible] 子続反 ノミ

虳 キウヒツ 九勿反 チスミ

蟀 没 ソツ ホツ 孛沒反

[illegible] ラツ

蠚 カツ ミホウシ ノウシ

蠽 子結反 ノミ

蚢 カウ

[illegible] ケツ 蠽

蜒 ヒツ 麦礼蚩雌者

虼 キツ

蠥 サツ 宣列反

蝍 キヤク [illegible]

蟆 バク

[illegible] サク

蜥 テキ トカケ

蠋 シヨク コハチ

蛤 カフ

[illegible] キヨ セフ 許妾反

[illegible] ヤ ムシセ

蜩 テウ

[illegible] コ 音袴

[illegible] カイ 五佳反

[illegible] カ

蝶 サフ

[illegible] ヨク 音谷

蟅 音吒

[illegible] サ 蠶

蠭 ヘチ 蜂 同 一蠭 ミツ

蚕 ケン 音蝬キ

蠶 チン 蜄 音展

郢 エン 迎 同

蠘 カサメ

蛐 キヨク 蝤 同 ミヽズ

䗁 音褐カツ

蜪 未詳

蟑 サウ 未詳

蚆 ハ 音巴 ムシナリ

蜂

蛘 シン ムシ

蟦 ハツ ハタハタ

蟔 井 テル

螌 ハン

蚘 蝉 同

蜠 エン 䖟 同

蚳 アリノコ

蚤 サウ 蚤 同 アレトモロク コエ

蠴 イウ メムシ

蟁 シ 音文 ヨネクラウシ

蠶

螯 リヤク ムシチ

蛥 カイ ラクノモチ

蠚 ニニクリ

蝟 井 カキ

蛼 シヤ ハミ アレニトヒ

蠹 螻蛄

蚫 ノ 音貽

蛆 アシムシ

胡 蝴 カケロフ

螺 蛞 蜥 音黒

蛬サイ ダニ　蛗フ イナゴニヨ　蚌ハウ ハマクリ　蚆タコ

蚑ムニ　臺コ　蟦イ 一蛴虫　蜞フ 蝳 音舞 蝳甘

蛤カホリ　蚢カウ アクタ　蠢ヒクラシ　蟌ソウ ミカラ

蜥ヨシ 蜥 ミヽス　蛈ヨウ 鳶女父　蛞カウ クツムシ カワルノミ　虹コウ 音ロ

蠊レン アレタカムシ アレニトヒ　蝶ハミ　蝝カ ハチ　蟎ヒヤ

蛸ラ　禹クハヱ　蟯カツラムシ

貝部

ニ百一字

貝バイ　蛽 現 カヒ　贈ソウ 僧 諍 俗　贈ホウ 鳳 鳳　貢コウ アクタ ミツル タミラ ツグ 上ホル アノ

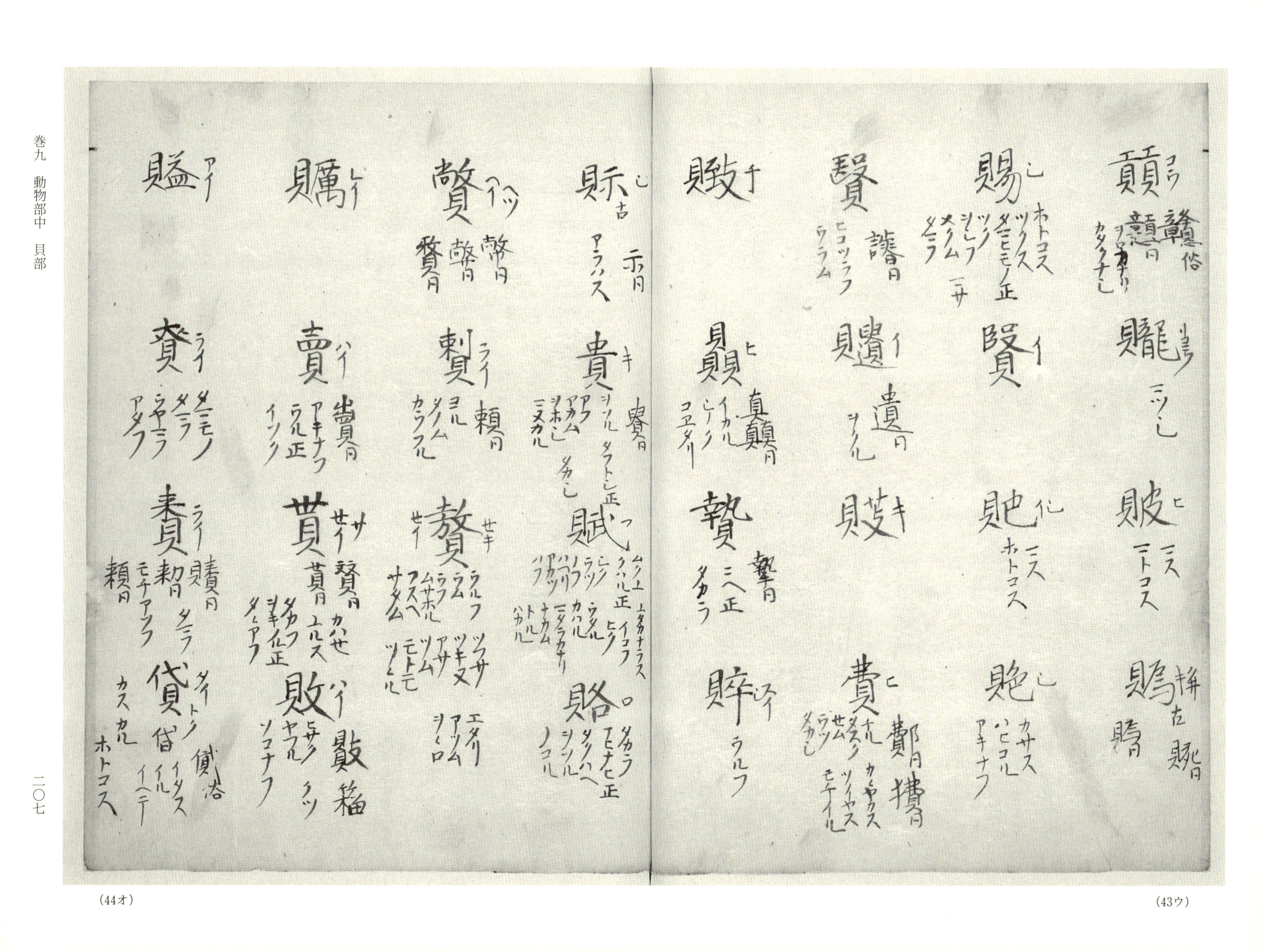

（44オ）

（43ウ）

䞋 シン 嚫親 ホトコス
賮 シン メカラ ニヘ タカラモノ ミチモノ タカラ ハフ ムヤス
賂 リン トミ カタシ
賂 リン 悋月 恡月 メクル シワム ムサホル カウサシ

賸 シン ミスく
敗 ハイ ヤフル ソコナフ アキナフ カヘス
賰 ハン シワル タクハヘ
賱 エン 傿月 アツ アタル

贊 サン 賛月 讚月 ナラフ タスク ミチヒク ヤム ミル スツ スヽム
賍 ゲン 玩 モテアソフ
聰 ソウ
贗 ガン 偐月 ニセ ムカム

貽 ケン 句月
虧 キ
賉 ケン 衒月 ウカフ テラフ
賤 セン 衒月 イヤシ スクナシ ミシヤシ

縣 ケン 寰古 ハルカナリ 懸 カク コホリ アカタ正
質 シン 寘月 スヽム ノム
贖 ショク 償 アカナフ トリシ
賀 カ ヨロコフ正 イハル ツトヨシ ステカス カル

貨 クワ ミツナヒ ウル タカラ アキナフ タカラモノ アツラフ
賊 セキ ヌスム ソコナフ アタ
財 サイ タカラ
貞 テイ ウル

賸 ショウ 賸月 ミス シコス アマル
贈 ソウ シル タマフ ミス
貽 コウ アカム
貿 ホウ 貿月 償月 ヲカス アキナフ カヘル ウル アキナフ ヤスシ ムサホル

賽 ロウ ムサホル
購 コウ 冓月 ツクノフ アカフ ミヒキ カナフ
賤 コウ ムサホル
賃 チン ツクノフ正 ヤトフ

（45オ）　　（44ウ）

賧 タン アカフ
贍 セン 䞍月 アマネシ アキタル タスク ユタカナリ ソホシ ミホカリ ヨロコフ ヤスラカ タカフ ミテリ
驗 ケン アタイ
贏 エイ ウル 瀛月

賨 ソウ 賨古
贇 ヒ 賱 賷月 贖月 カツス タカフ ウタ ツクノ ツクス ハカリ サヨミ
賛 シ
賛 チ 贊月

贇 ヒ
貽也
資 シ 脂 モトヨリ モチイル タスク タカラ タクハフ カテ トル ホシイ ウラ

貲 シ
賒 チ カヒノモン 賖月
貽 イ 貽 贈月 カヒ イカル タクハフ ニシキ カヒ ウル ノル正

賁 ヒ フン ツヽム イサム カサル ナム アヤ ハカル
賖 キヨ アキナフ ウク ヨウク サイハイ タクハフ
賭 ト
賫 セイ 賷月 齎月 賷月 シフ サシ モツ トル タスナ ツツク

賅 カイ 侅月 アヤシ
財 サイ 䞅月 ハツク チカラ ハツカニ
贊 サン 贊 真 ヨシ
賓 ヒン セン 宮古 タヽス フミ イヤシ ミツシ トモシ

賵 ヒン 鏳月 シロス モト
賆 ヘン ニス
貿 ホウ ツヽム ツカフ ツカム イツクル アツマル
賢 ケン 臤古 タヽシ ヨシ ミル ヒシリ ニサリカホ ニサトリ カタシ カシコシ正

イタル カシコシ正 ニサルソホシ タカシ ニサ タカシ ミス ヒロシ タヽシ
賥 ハウ トモカラ
賥 ヘウ カヒノタクヒ
賥

賀 カ 珂月 ヒロキタヽニ カヒノタクヒ クツハミ メナウセロキナリ
賒 サ 麻 シヤ
賖 赊月 䝮日 ソト ユタカナリ トツシ アニヌナリ シツシ ハルカナリ タカラ ヨキノル ヒロシ クタレリ ユルス
賭 シヤ 草 賭也

（47オ）

（46ウ）

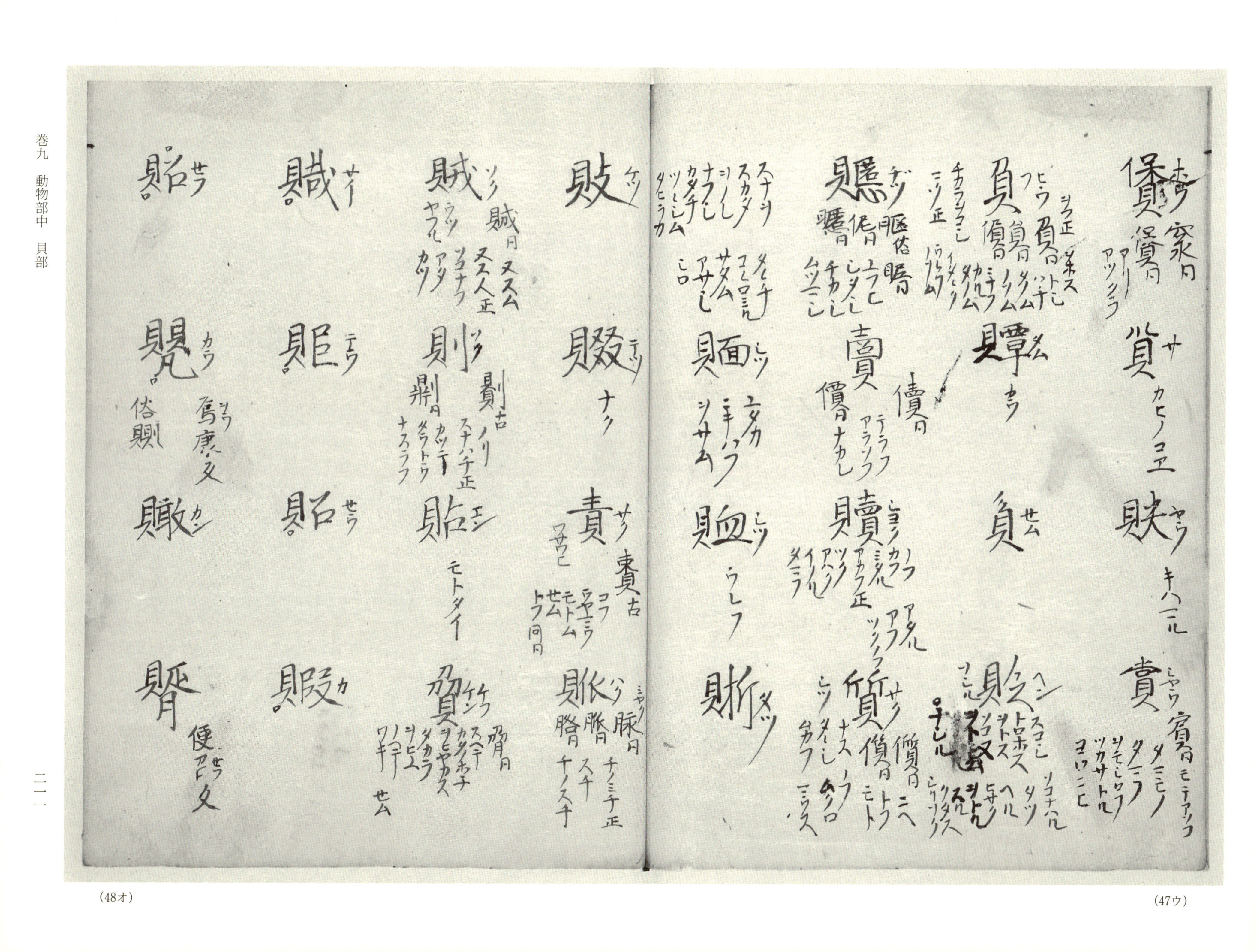

（48オ）

（47ウ）

(48ウ)

賁 ヒ　䞘 スイ 又音遂 スイ　䞓 カイ

䝙 アイ タノハヘ　䝵 ヒン ウカツ　贋 ケウ　賛 サ 先臥反 甲子

賍 其蓋反　賺 ヨク　䝯 キウ　賍 ソ

䝰 トウ 都勒反　䝷 ヌン アタル　賶 シヤウ　賍 チウ 乏ス

(49オ)

䝼 イル　賚 牛 ヤニヒ　賻 ニヒナヒ　贄

賢 キ タヒラカ　賖 カフアル ヤツカリ クヒル　貞　贊 ヒツ

賆 立　賊 音我 乏ル　賸 モウ　䝬 ウルハヒ

䝿 イウ コヽロヒラフ　貰 カサル　䝿 ヒ ウル　貶 アサムク

賏 イル

貝 立ス 頨 去祥 䯻

齟
髢 汁髢ハ土ヲ分 ミキラヌカミリ アフラコミ
贖同 アカヲ ツチニリ シラヤカ

賵 贕 フシ名

贙 剖

羽部 一百卅三子

羽目ニ
羽 霄 ヒラ
ハノ正

羽 エ トリトフヨコ スヽ
ニサ イモノヨ

翅 扁目 ソレ 羽目 翻目 ツチ正ハナ カサ
カサキリ

翃 鞮 提 翲目 𦑶目

鞮目 翃

羽ヒ 翡目 翲目
翻目 翳目
蘱䓸

翡目 翡日 翔日
タカ
ハクハ
フル

羽徳 行
翊目 勤

翬 ケ
軽 八子
ハカラフ

羿目 羽庵 アム 化ノ

翠 翠月アシヒ
翠月正 琴月三リ正
ヒヒ
カケ
羿

翡鷺 半毛 ソ
羽愛 去

翠
翲月
翡月
軍微 多し

羽曳 𦒃 羽毛
ソレ

𦒃 羽目
トシモノケ
タメナ

羽皮 化ノ
ヒラノ

羽庵 アム
化ノ

翼 翡月
翡花 翡黌

羽向 ク
羽鴨 目 鳥ノ左ノ足自也
馬ノ左ノ足ノ三ナ阜

羽鴨 月
羽搏 フホフキケ トリノハナ

翠 翠目 ウ
碧月 トフ 雲月

（51オ）

（50ウ）

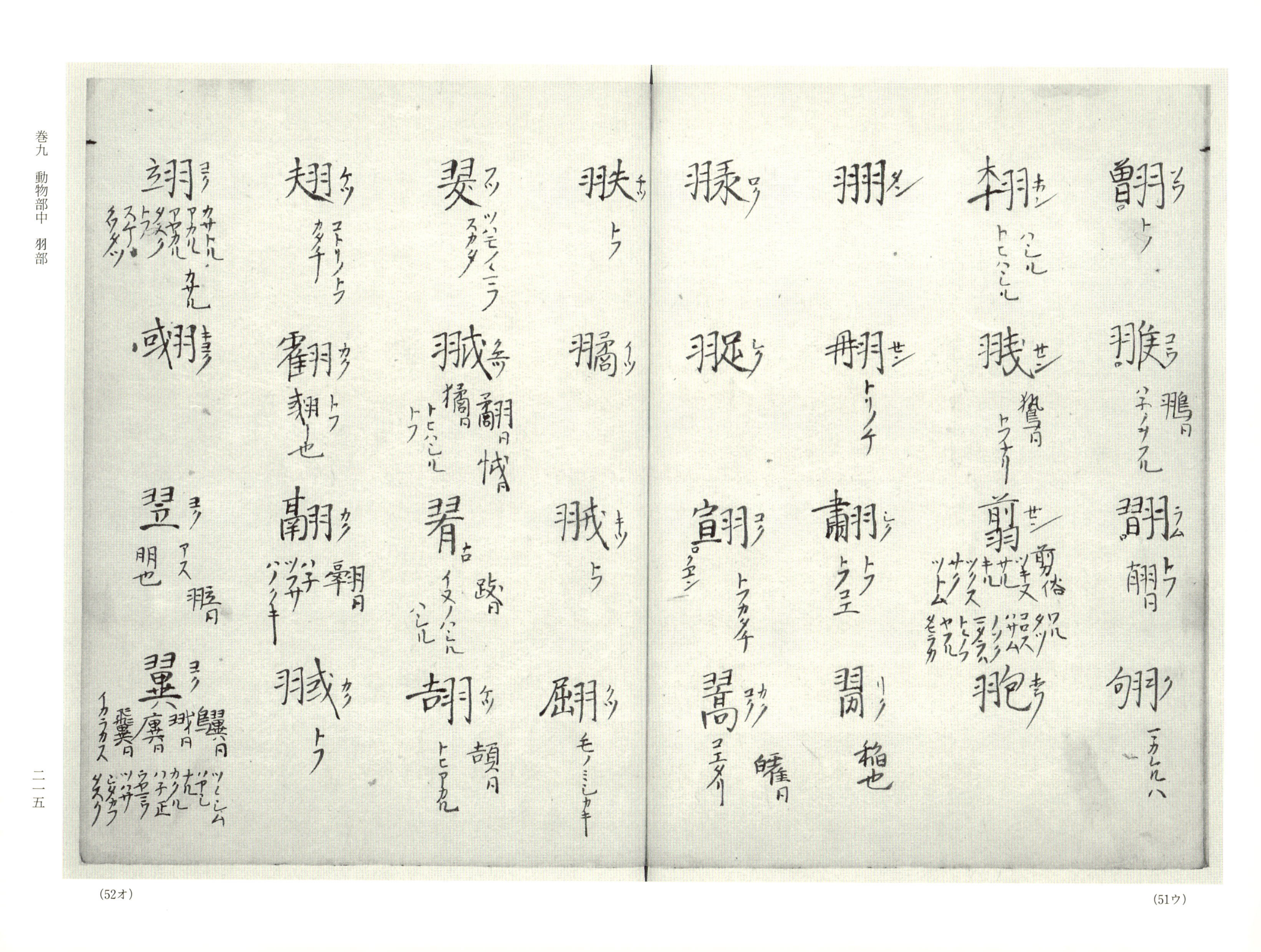

（52オ）

（51ウ）

翕 キフ シユス アハス ヤク ヲホフ ヒラク サカリ アフ 翖 同 ハイル ツクロフ クチスル ヒクノ ヲサム ツハサ アツマル サカユ

習 ヒフ 偮 ム ヲシフ ナラフ ツラヌ トフ 去ル

䎗 タ ムラカリトフ

翾 タ トフ

䎅 タ トフ

翽 ラウ 鸗 同 トフ

翈 カフ カケリ

翜 サフ ヤノトフ

翣 サフ カサル

䎀 タ 䎉 同 トフ

䎎 タ 徒 同

䎑 シユ トフ

翞 トフ

翃 セン ムレノトフ

䎁 ヒウ 䎉 同 ヤヒ コス

翿 尺子 尺勇反

翐 物己反 トフ

翑 ラ 芳好反

翗 カ トフ

翌 奴坎反 ヨハヤハ シテルハナリ

翙 芳減反

翳 鳥計反 蔽

䎬 半制反 トフ

翤 五泰反

䎘 カン トフ

翓 タ 苦到反

翢 刀竹反

翼 ヌ 分勿反

翇 分物反 舞人所執也

䎐 サツ サヲルイトフ

䎅 匹各反 トフ

䎳 芳逼反

翈 カサキリ
䎎 ラチハ
翇 カフ ミコフ
翌 亡綏反 舞月

翸 ホン トウ
翪 ハウ 火卯反
翍 トフ 五枚反
翃 カン トフ

翎 カケル ヒルカヘル
翁 カケル カクル
翻 ホン 飜月 カケル ヒルカヘル メクリトフ
翹 クハタツ アケ

翗 キ トウ 音宜
翅 トフ 音刻
翣 トウ
翿 トウ トフ

䎀 音東韓 又呼貌反 職ル鹿
翀 トリノツキヘ カスル
翯 カウ ツハサ
翩 トフ ノメトリ

翠 歩拝
翔 祥反 フルフ
翗 クチハシ
翴 ツハサ

毛部　一百三十二字

毛 ハウ ミヨウ ニコケ
毦 毛月 チクム ナカ チ正 チヽ
毫 カウ サヽケ ナカキケ フルキケ サヽワケ コハノニカヒケ
氄 ニヨウ 剝セ
毳 鬚 髯月 長耆月 カミヒケ カミツヒケ

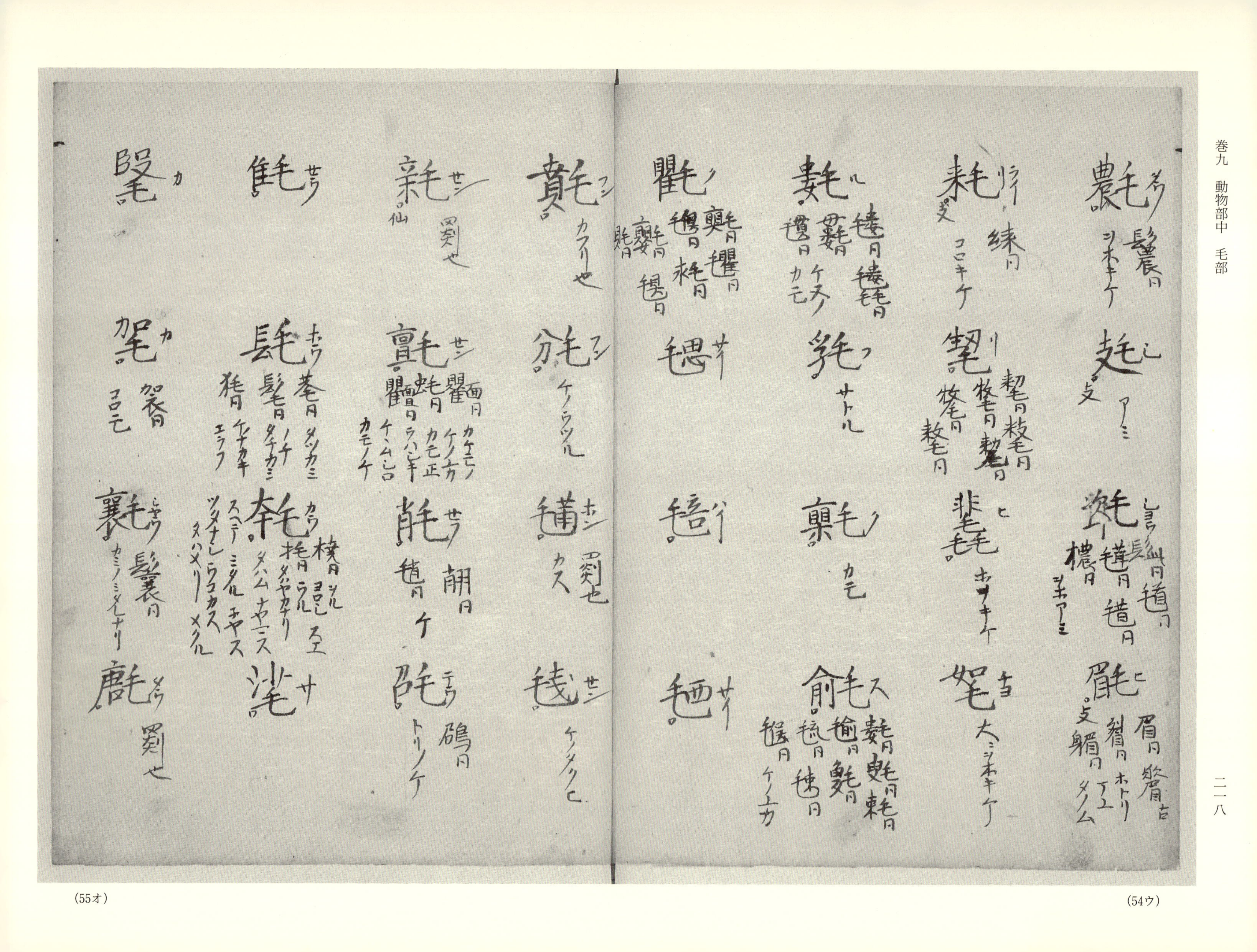

（56オ）

（55ウ）

巻九 動物部中 毛部

右側頁：
- 氀 アミ
- 髷 ヒトミ
- 髴 マツハ／ハウヒ正 髷屈月
- 髻 ホッ没
- 卆毛
- 毛髀 昔
- 髻睯髷 瞻月 罰也／一短
- 髷 ツ職
- 毟 サラ
- 髩 カウ
- 髷多 檜月 髻髻髷
- 髷 多 糦月 繩月 暑月 纒月ケノシタメノ ケノシラレル
- 髳 ヒ ヒトノシル
- 髭

左側頁：
- 顛毛月 毟多
- 毛蓋 ミツ
- 毛月獵 髻 萬月 ナキケ
- 毛月 思連又
- 毛屋偽又
- 麼毛月髭 ケノネキ
- 奈髪 タケノヤキ
- 駞 又音藍
- 毷 仙 迯屬也
- 髯 ク毛ヒケ
- 髻 ホウヒケ
- 髭 ケ
- 毛 中枝又
- 毛 戸文又
- 髻 七萬又
- 髱 セ
- 髱 七萬又
- 髱 毛則又
- 髭 吐例又
- 髭 スタキ

巻九　動物部中　毛部

氄ミウ	笔	毦ショウ	毬ヒ	毛ヒ	蓋毛ヲ弟キノ丅	𣯶ミ	毺䏣月ヤナキノサ
毟	屁毛音彩	靯	靴	毬カ音海	氂	荘	氅ツクロヒス厶
途	毬カシキ羊地也	荎ショ	毴	㲹キノ丅音戒	毛髻日	罷トウ多	乱
毡ケカヒル	𪈕篇毛	童毛ヒウ	毯	氊シラ毛月艶也	毟ハウ袍月	耗キウ欠	氊ミ音宛

(58オ)　(57ウ)

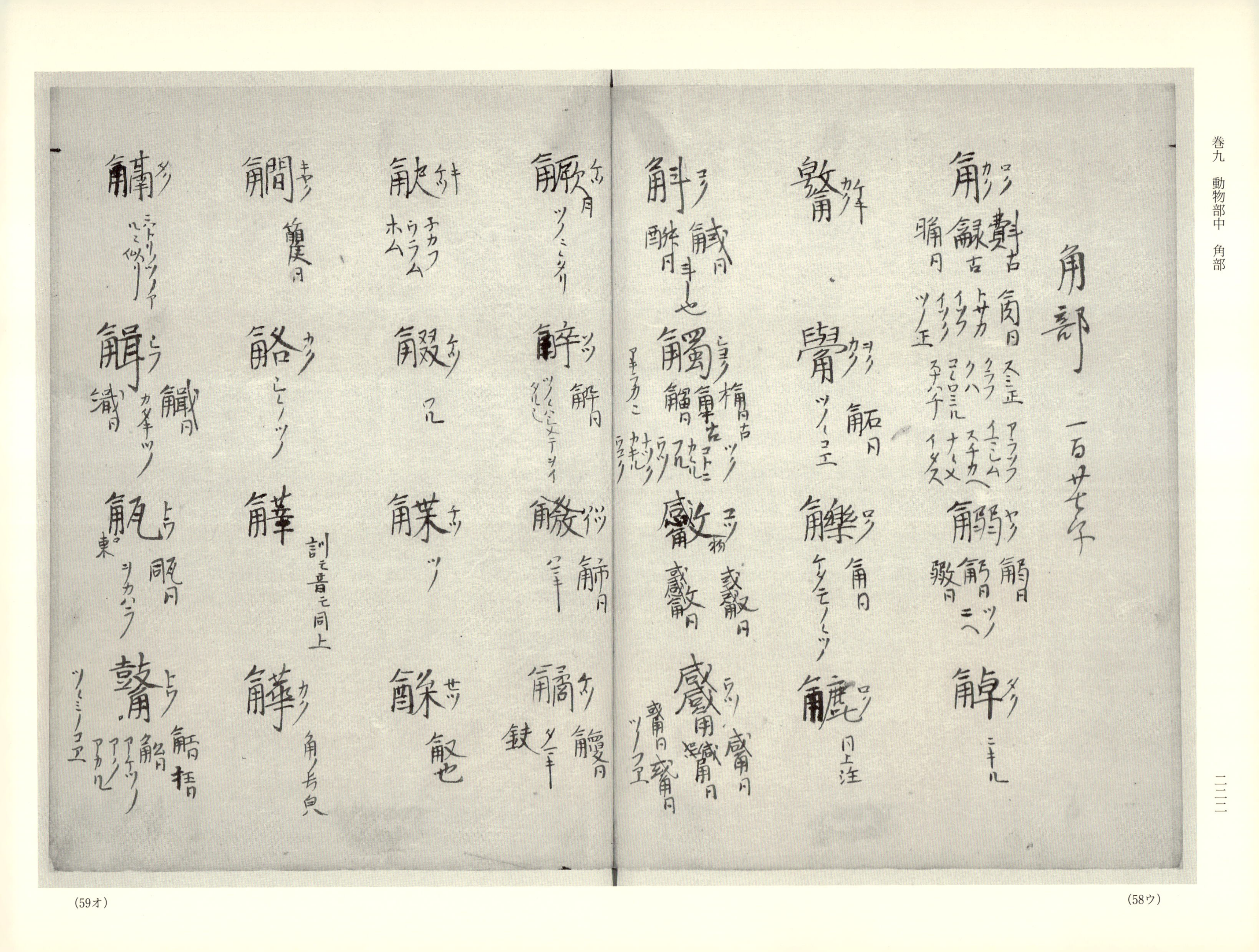

角部

一百廿七字

(60オ)

(59ウ)

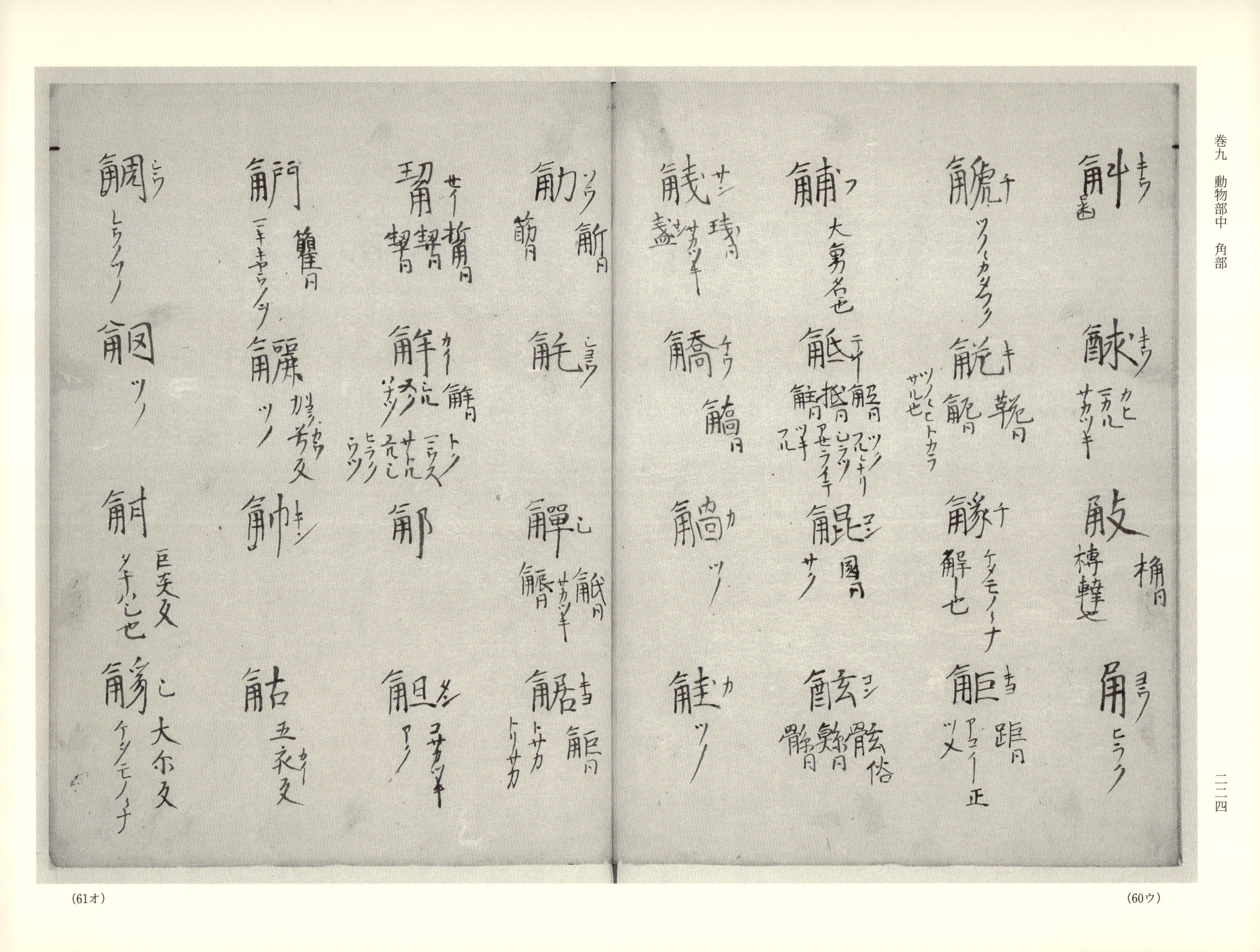

（61オ）

（60ウ）

⿰角来 ライ ツノヽシヽシナリ
⿰角尋 コ 多 故文
⿰角少 カウ 角ノカヽル也
觖 兵ォ文 今ノミノ字

⿰角氣 キ ヨキツノ
⿰角帚 ケイ
⿱殸角 カウ 畫角文
⿰角足 ソク 初角文

⿰角國 古擢文 又𣝕
⿰角胃 シウ
⿰角刂 セン ツノ 音喧全
⿰角宣 セン ツノ

⿰角告 カウ 象 サウノキシタヒ
⿰角它 タ
⿰角斗 ニカリツノ
⿰角廣 クワウ ツノヽヨセ 音横

⿰角吉
⿰角襄 ミ ツノヽカタチ シトコヤミ文 音奥
⿰角矣 タ 音誒
⿰角尤 ツノ 音覃

⿰角化 タ
⿰角曲 ミ ツノ 音四
⿰角監 音監
⿰角臽 テン アシ

⿰角鳥 サハミ文
⿰角交 カウ クラフ
⿰角先 セン ツノ 音先
⿰角夌

⿰角艮 カン 音姦
⿰角斿 ハヒ
⿰角隶
⿰角俞 ユ

(62ウ)

巻十

動物部　下

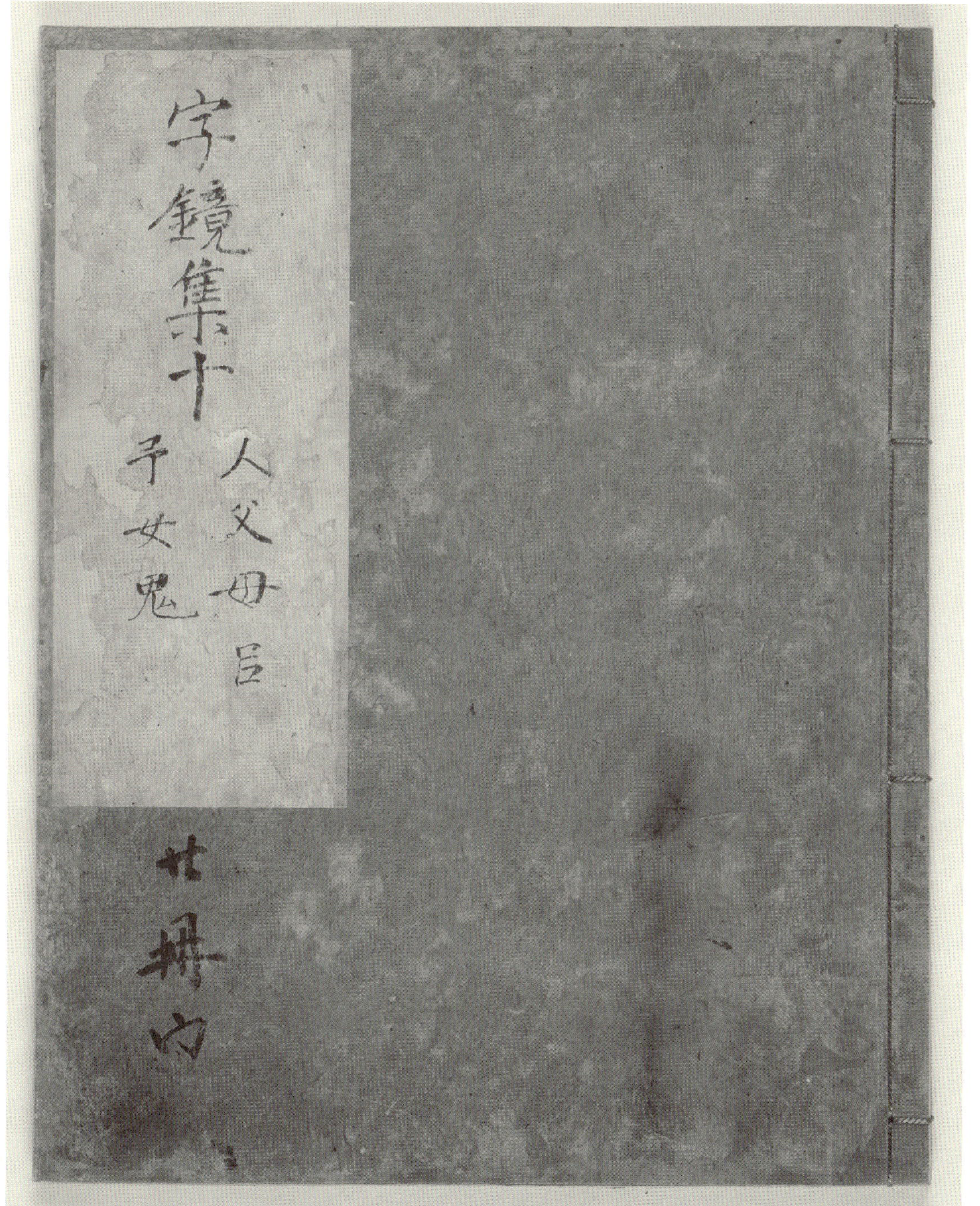
字鏡集十
人父母呂
子女鬼
廿冊内

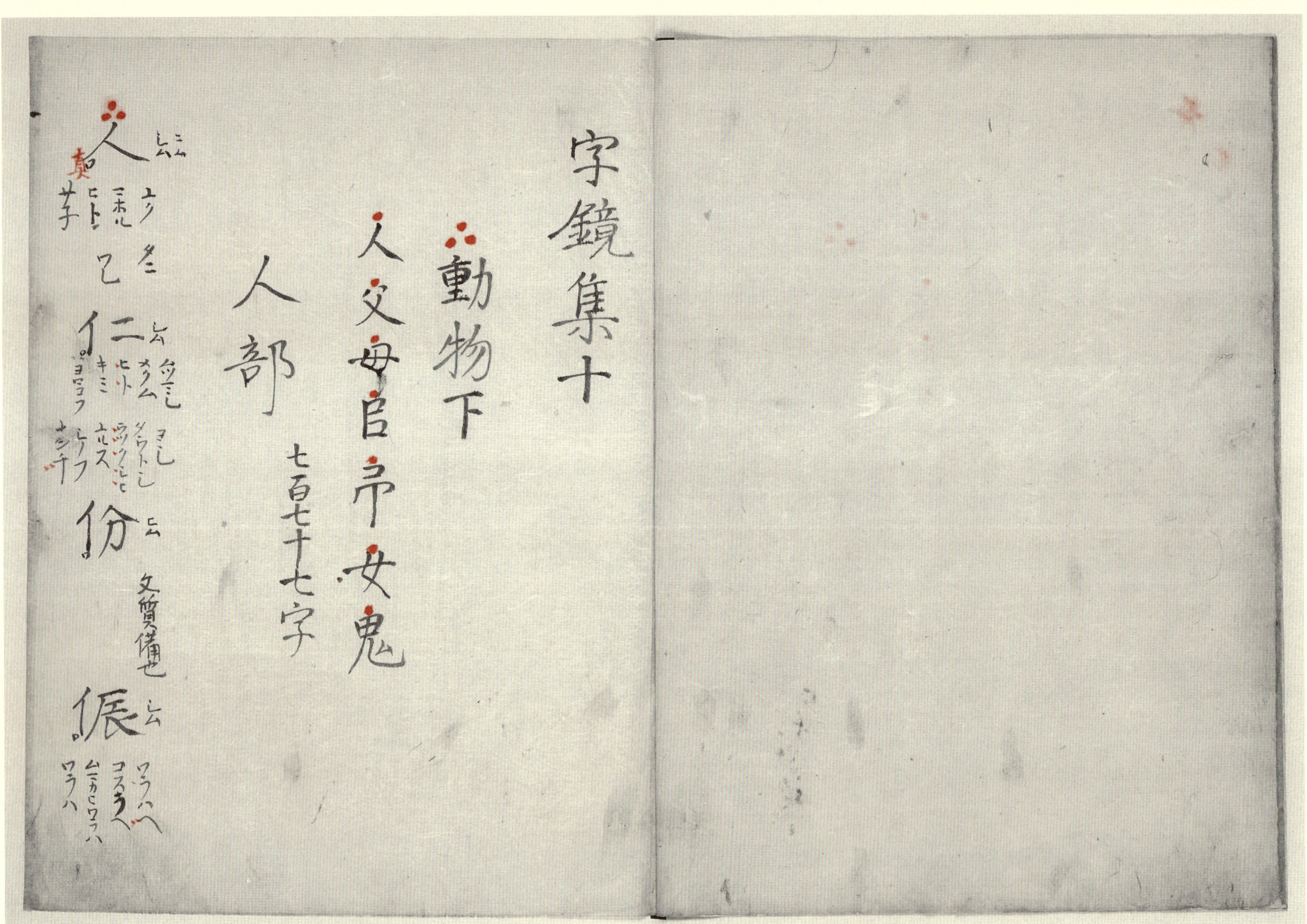

字鏡集十

動物下

人父母呂弟女鬼

人部

七百七十七字

人

仁

份

文質備也

倀

(1オ)

字鏡集十

動物下
人父母兒帝女鬼
人部 七百七十七字

人 上ク タ 云ミし 云ヒト 云ヘ
 云ヒト ニ云ヒト タム ナトニ コロヘ
 元 キミ ソトシ コロウ
 乙 仁 仞 儃 儺
 芋 チヨウフ シフ 文質備也 ムニカニワッハ
 志千 ワラハ

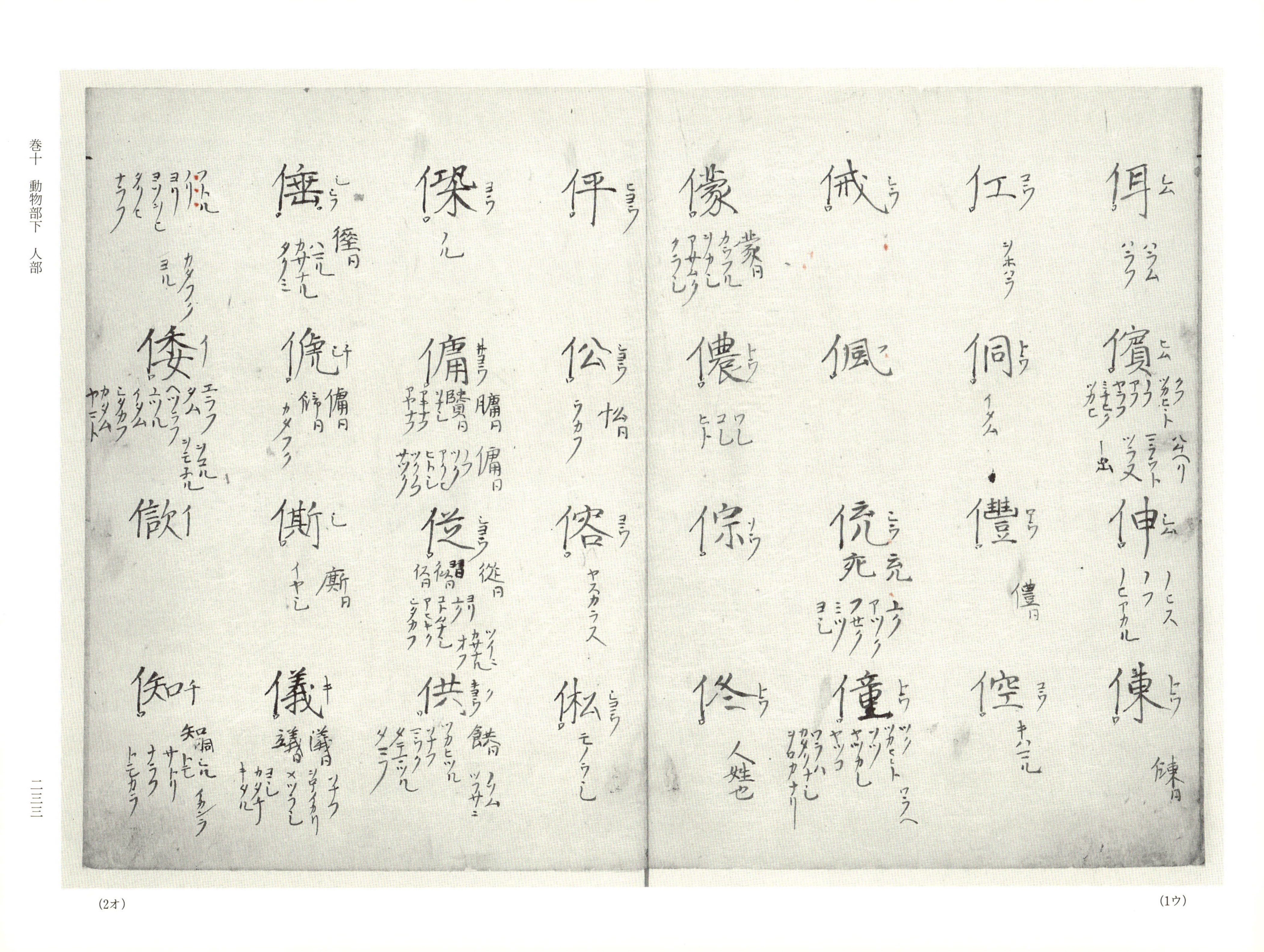

儌 イ

倠 ヒ 婎同

伊 イ 㑊古

仳 ヒ ワカル ヒカム ナラフ

僱 キ ツカヒ

傒 ケイ 僕同 カクリミル

任 ヒ 佸 伍同 地名

僟 キ

飢 キ ツカル ウウ 飢同

俳 ヒ 悲同

倢 イ カチ

仔 シ

倈 ライ キタル ヒトリ ミレカリ

僛 キ 顛同 魌同

儆 キ タクル

伺 シ ウカカフ ナラフ 覗同

僖 キ タノシフ ヲカフ タノム コノム

偲 サイ シ ミタス

倛 キ 箕同

偫 チ 持同 タモツ ニル

依 イ 偯同 ヨル タスク ナカナリ

俟 キ マツ

僟 キ

俙 キ サトル 依同

偳? 婦同 コレ

傜 ヨ ナカナリ

蝕 ヒヨ 蝪同 腸同 ハエ

鄐 キヨ

儲 チヨ 儲同 タクハフ マウク

但 ヒヨ タタシ アサシ

仞 ヒヨ 㣼古 初同 衻同 ハシ

儢 キヨ 潚同 僸同 魯同 斂同

俱 ク　トモニ　ミナ　トモカラ　トモナリ　トモ

侏 ス　タケヒキ　ヒキウト

儒 ス　濡　リホイナリ　ハカセ　サトシ　ヒトフラシ

[亻瞿] ク　ユク

俘 フ　トル　トリコ　コモル

傷 ス　傷月　媰月

佊 ト　奴月　毅也

[亻瓜] コ　孤月　ツシ　ミナシコ　ヒトムシ　ヒトリ

仏 ト　徒　辻　朝　ユク　ヒトリ　イタツラ　トモカラ　タチ

低 テイ

倪 ケイ　倪正　倪月　ナクス　カキ

傒 ケイ

伶 テイ　伴而知

佳 カ　ヤスシ　ヨシ　ミナ　ワカシ

街 カイ　街俗　街月　ミチ　チマタ

偕 カイ　トモニ　トモカラ　ナラフ　コハシ

儕 サイ　トモナフ　トモカラ　ヒトシ

俳 ハイ　タハフル　タチモトル　メクル

傀 クイ

儴

偎 ワイ　アイス

僵

偪

儺

傕 サイ　ツクル　ツクル　ヒヨシス　ツトム　ウナカス

儇

倿 カイ　賅月　ツチ

僮 ケイ　カクチ

儀 サイ　ワツカ　トくム　裁俗　サク　タツ　タメス　ツクル

倫 リン　ミチ　タクヒ　トモ　ヒトし　トモカラ

僎 セム　ツくしム　ミち

循 ヒユン　循月　ヒカフ　メクル　ツカサ

侊

傻

僤

便

偏

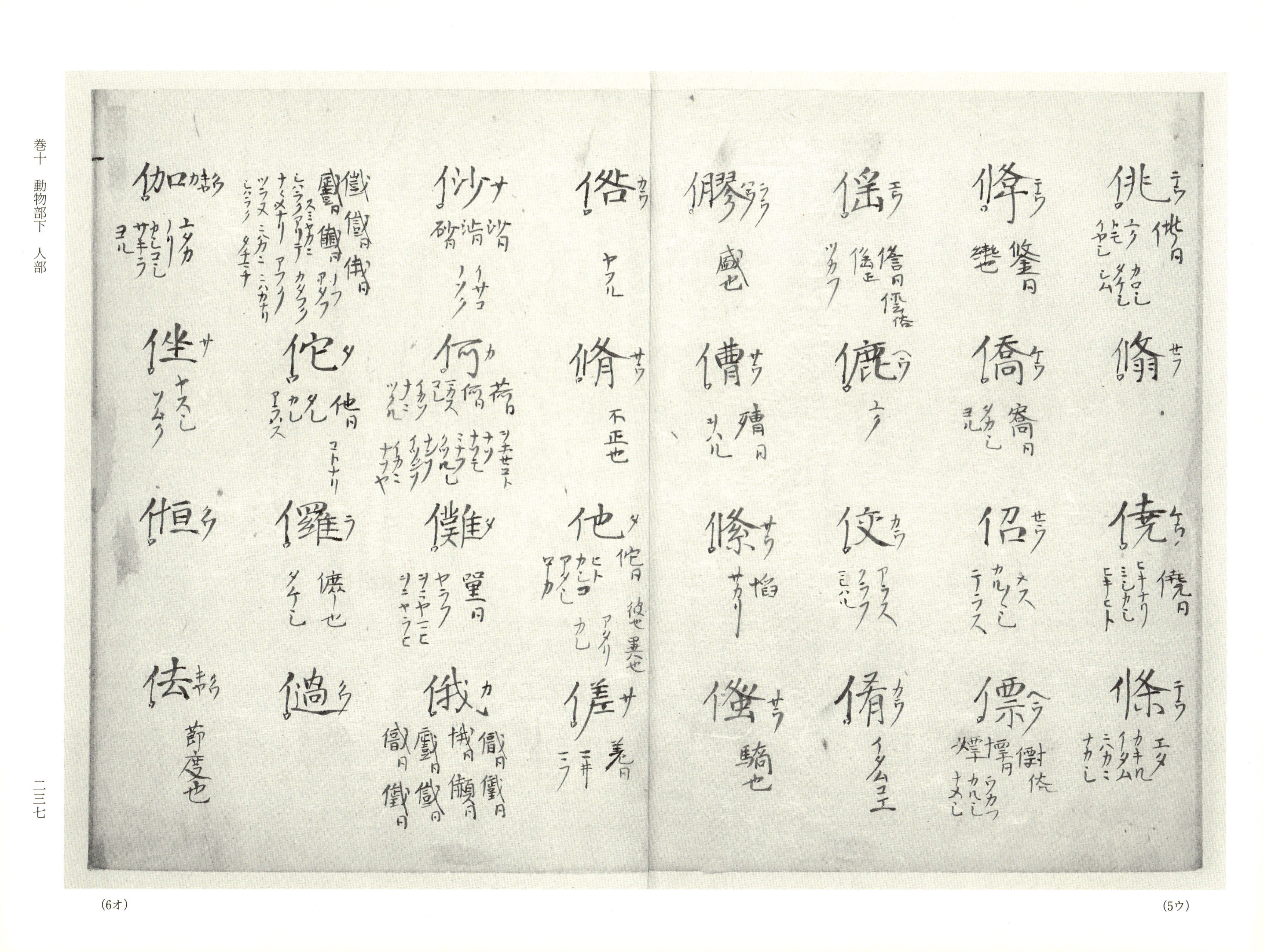

（6オ）

（5ウ）

巻十 動物部下 人部

俄 ガ 價ノ	伴 ヤウ 詳月アキラカ イツハリ ヨミシ ヨシ ツヒニラカナリ	張 チヤウ タレタリ	太 キウ 長春ヨキ ツヨシ ヒトシ	傪 サウ 趙曰タキマサリ	儋 ケイ をソリ そろもの 孑孑タニ	傻 テウ サヽラフ ミシ	
俋 カ ヒカム	償 シヤウ ツクノフ ミクリ タクハフ ムクユ アツム アラハス シヨマス	倀 チヤウ 言ルヽ ヤトル	傷 シヤウ イタム フキズ ナラフ ヤム ヤカリ イタミ ニキスシ ニキスカ	儛 ジヤウ 讓曰ユツル ウカカフ ウラム ユカイモシ ヒカムフ	儇 カ ヨロコフ カカリ コミカ ワツカ イキキ	征 セイ ヨルス	
侘 ダ 侏 カス	倡 シヤウ ウタフ ウタヒ ワサヲキ アソフ アシ	儴 ジヤウ 已	傷 ショウ イタム ソコナフ キスツク	傀 カ 千井サミ	儜 タイ 寧日ヨワシ ヤハラ カタクルシ カニチ	佋 セウ 顱音ナツ 十正	
優 サス	僵 ケウ キユル タヲル ヨシ ラリ スクシ ヒルス	俠 ケウ チリ	偟 クワウ タチモトホル トマル	傍 ハウ ヨル カタハラ ナラヘ コチラ ホトリ チカハヒ	儔 タウ 儉寧月ヨロシ カタキ シトリ コモ	停 テイ ツトム トシ ミ

(7ウ)

佡 ケイ 跲同 ツマツク ツカヒ

偒 ヘイ 諞同 𠋩同 セム ツカヒ サスラフ

例 ケイ 𠊓同 九

行 テイ ヒトリ

僻 [illegible] 傰同 [illegible]

僜 チョウ 僜同 噔同 ニロフ コロフ

儆 [illegible] 理也 ナラフ

仍 ジョウ 𠆣同 [illegible]

倗 ホウ 備 備同 倩同 倩同 ハツ ミスノ

僧 ソウ ヤハラク アラシ ナムコロ サトル

儣 コウ 僙同 ウラム ミラフ

儰 [illegible] ナカシ

倰 リョウ ナカシ

僦 シウ 愁声也

儔 チウ トモ タクヒ ヨル ナラフ

脩 シウ 脩同 遒同 [illegible]

(8オ)

修 シウ [illegible] シサム ツクル ノフ

僧 [illegible] サフラフ

倆 チウ 譸同 アサムク

俅 キウ タカラ ツヽシム

仇 キウ 仇同 ヤカテ アタ カタキ トモ タクヒ

優 イウ アツシ ユタカ スクル ヤスシ

儈 [illegible] 遒同 適同 ヤスシ アツム

休 キウ 休同 ヨシ ヤスム イコフ トヽマル

攸 イウ トコロ ツヒ

儶 キウ 攜同 鵂同 イヒヨシ

倅 [illegible] ヒトシ ナラフ

亘 トウ クタス

偷 チウ ウスシ ヤスシ ヌスム カル

俟 コウ マツ ナンソ コトハ キミ ヨシ

僂 ロウ 僂同 僂同 イキシ セ クヽセ カヽム

傾 ケイ

僥 ヒ 鐃 𠐊 閑 倸 多也

侵 シム 僠 𠍽 僖 アナル ヤウヤク ハルカ スヽム

㑫 キム

任 ニム アタル タモツ ニホマキリ ニサヽク イツクシ モテアイテ タフ ニカス ヤスシ イタム シタフ アツ

傪 サム 好皃也

㑣 ラム 貪人也

儋 タム 𧩼 儋 儋俗 イタヽキ ニナフ ニカス

借 カン 醋 タヽリサケ タチナハナリ

儖 ラム

偣 エム 𪗉 ヒツカナリ イトフ ヤスシ アツシ

儳 セム 𧦬 纎 ヒトカニ ホソシ イトサシ チヽコモル スクナシ

佔 セム カルシ ウスシ

儳 セン サン 儳 トヽノホル サカシラ トムノフ シハラク ヨシ

𠊉 ケム 諂 ケン カタフク

衒 ケン 衒 タハミ カタル クルフ ハサム クチサキ クヽツフ イチハヤシ ヤムコトナシ フクム サクム

侊 コウ 洸 ナカル アニテシ ウカヒフ ヒロシ カロシ

儱 ロウ 儱棟 儜務

偬 ソウ 偬 キハムム キハナム キコエリ ハヒメタリ

俸 ホウ ニキツ シキテ

偶 ヨウ 偶 人也

從 シヨウ

儰 カウ

佐 コウ 不媚白也

備 カウ 偌 備 不媚白也

俾 ヒ 俾 イフム ヤラフ アシ ニホフ モト タスク アツム サカル セニム ココロムク イヤシ

倚 イ ヨリタテリ ヨリイル トキ ヨスカ タノム カタラク ニアラ ミタリ ヨセリ ヨヒム

㑝 ヒ ヒトシ タヨル ナヨヤカ ウスシ トモニ スルヒ ヤスシ ヨルトモ

倠 ヒ 𢽾 侏 ヤスシ カクス

僞 井 ウコカス

彼 ヒ トコロ ニハカ ヒカム

佪 ヒ チヒサシ

佬 キ トク モトル

儸 ヒ トム

仳 ヒ 媲 佮 佮 啚 ヒヤカナリ ミヤサシ ニイノカタチ

倸 ヒ

佂 キ 企 ヨコフ ノソク スタツ シヽノ 跂 古

僟 キ ウコカス ナラス トラフ ツコス カル

俚 リ イヤシ ヨソツカラ アサケル イサヽカ タヨリ

偫 チ 時 ミラク ツヽサナリ ヲニル ツタフ

使 シ 逮 ツカフ ヲノ ツカサトル タトヒ ツカフ

似 シ 倡 倡 ミノトヲ ミミノル タグリ ヲナシ コトニ ヨカリ イクリ ナスカラ トモカラ ナラフ カタチ アイ ヲヨリ

佁 イ ヲロカナリ

仕 シ ツトム ミヤツカヘ ツカフ ナラフ ツカヘツル カナフ

佽 チ ナムチ イタヒ イニ

佇 シ 佇 佇 子 ヒト 倚

儴 イ 懹 哭聲也

偉 ヰ 嘩 儸 オホイナリ タクミシ アヤシ ヨムコモ メツラシ

儢 ヨ

輿 ヨ 倚也

偦 不相比近也

佋 ヨ 邵 トモカラ ナラフ ナス

佇 チョ 貯 躇 トヽマル タヽスム ヒサシ ツカフ タモリ

偃 ヲ 瘂 ミノハタ カヽム タカル カヽミル ミノハタ ク・セ サクル

俁 ク ニツ ニタ

ミヒナリ ツム ナツ ミシカイラカ ツヨル トクム ツシム ウカヒフ トヽニル ヤスラフ トラフ タツ タムハラ サスラフ ヒサシ

僞 ク

儛 フ 憮

儫 キョ 御 カタル ヲセク トヽニル ミツリ イニシム トクム

僢 セン 舞 ニラ ヤヒツ ヒト トヒ

伍 コ ヒトヽカラ ナラフ ヲナル ミシカヒ ツラヌ ミテフ イニシ トモ

侮 フ 侮 アナツル カロシム アナツル ウラム アナヅル

佑 コ 個 タスク ヒト アナヒ アナナフ

俯 フ 頫 フシテ ウツフク ウツフル シタカフ ヤスラフ

俌 フ 輔 タスク 弼也

(10オ)　(9ウ)

佇 コ　竚 俗　伫 正　ツヽシム　タヽスム　サマタク

褱 クワイ　開衣衿也

侳 サ　アキラカナリ

偍 テイ　體也　不進也

儥 タイ　ヨキカタチ

倍 ハイ　アトツカヘリ　ソムク　イヤシ　マスマス　ソムク　ニサル　ミツ　ヘツラフ

倰 リム　倰 同　ハナハツ

儓 キン　窘 同　タシナム

偪 ヒム　偪 同　偪 正　ツトム

僭 セン　蠶 同　僭 同　トミ　トヽノ　アツシ

儏 セン　躓 同　ツムク

伆 ヲツ　ツムク　タツ　ハナル

優 エウ　優 同　優 同　フサク　アマル　ユタカ　ヤスム　マサル　タノシ　ワサヲキ　ユタカ　ヤハラカナリ　ニカス

僁 ケム

僡 エム　繧 同　ムスフ　ツナ　ミソシ

俒 エム　俒 同　俒 俗　スヽム

僔 ソン　蹲 同　噂 同　アツム　アツマル　ツヽシム

倱 コム　ヒタク

体 ホン　ソロフカ

他 トン　蚝 同　作渾郭也

佷 コム　很 同　モチヰル　ヒスカシ　イカル　モトル　フルコロ　イムル　タカフ　モト

諍 誢

仠 カン　捍 同　杆 同　オカリナリ

誕 タン　佂 同　這 古　オホイナリ　イツハル　ウソ　ニコト

儹 サン　儹 正　モトム

伴 シン　イツハル　トモカラ　アツシ　ナラフ　トモ

僂 タン　錢 同　鏝 古作　ノフ　アマシ　ヒロシ　ヤスシ　ユルク

僩 カン　エラフ　タケシ　ヒロシ　オホキナリ

俔 ケム　ウカヽフ　タトフ　コトヽス

僁 セム　燃 同　ユルカセ

俴 セン　アサシ

偭 ヘン　ソムク　ナハ　ムカフ

俛 ヘン　アフク　タル　フシアフク　ナミヒ　アフク　タリ　ツトム

仠 チム ヒトし キラフ シレフ ワツカ ツヽロフ [illegible]

僊 ケム 蹇同 [illegible]

連 レン 速同 [illegible]

儴 ヂヤウ 裏同 美好皃

儌 ケウ [illegible]

僂 エウ [illegible] 俊同

僺 サウ スクヨカナリ

脊 カウ 疾痛声也

侂 タク [illegible]

保 ハウ ホウ [illegible]

倮 ラ [illegible] アラハナリ

傁 サ サカし

偖 サ [illegible]同 ラツ

他

倘 カ ワツカニ [illegible]

御 キヨウ [illegible]

像 シヤウ [illegible]

徍 ワウ タチヤスラフ

僳 ヒヤウ [illegible]

倣 ハウ ヒヤウ 放同 [illegible]

儥 タウ 貝載器

僘 ヒヤウ

仗 チヤウ [illegible]

仉 ヒヤウ 娃也

仿 ハウ ヒヤウ [illegible]

傷 タウ ナヤムし

俍 ラウ ヒスカし

儆 ケイ [illegible]

倂 ハウ 詐偽也

倖 カウ [illegible]

併 ハウ [illegible]

（12オ）　（11ウ）

巻十　動物部下　人部

(right page 12ウ)

併 ヘウ ノコトクスルアハスカクス　偕 カイ　トモニ　アハス　カクス
　　　　　　　　　　　　　　　　　　似也

傾 ケイ　ヨコシマ　カタフク　　俊 シユン　スクレタリ　　偹 ヒ　備即ニ俊也　　　　　倠 サイ　ヰノマ
　　　　　　　　　　　　　　　　　　　　　　　　　　　ツクロヒ　直ノ代ヽ
　　　　　　　　　　偉 ヰ　ハナハタノチ　　
　　　　　　　　　　　キオス　キ子ス

心 ム　森ム　　　　儀 ム　社似　クヒ　ヒト

閻 ヱム　　　　　傓 サム　偕惨　ウレヒ
　　　　　　　　　シロカナリ

儼 ケム　　　　　僭 サム　惝惨 ヨウカナリ　ナカス
　　　　　ヨコカシ　アノメクス　　
　　　　　コハシ　カシコシ　カヤコリ

僟 キ　　　　　　借 サム　タクミ　アシフ　仲 チウ　ナカス　シツカナリ
　　　　　　　　　　　　　　シハサ　ヤムル　　　　　　ナカミ

僋 タム　　　　　俀 タイ　巻ム　サト　　　　　　　　伊 イ　モノヽ　コロ
　　寒臭也

偶 クワ　　　　　俔 ケム　擧ム　卦ヒ使　　　僵 シヤウ
　　　　　　　　　　　　弄月　　　　　アフシ

儁 シ　漸月　コホリ　傯 ソウ　タクミ　イハル　偶 クワ　小鳩也
　　　　　　　　　　　アナシ

傲 ゴウ　カナフ　　偹 ヒ　備月　ヒョフ　儺 ナ　備月　スナフ　トミ　　俾 ヒ　地隆月
　　　　　　　　　　蒲香ニシ　ツナミ　コム　　　　ツツラヘ
　　　　　　　　　　　　　ノキラ　アツカル　坐月

佽シ　便利也　トシ
位井　クラ井　タヽシ　ヒトシ
儁　雋同　雋同
俐リ　利同　ヨシ　カシコシ　トシ　ツヨシ　ハヤシ

使シ　夆同　ツカフ　ヤル　ツカヒ　セシム
僿チ　𡘩同　翼同　スク　スクフ　アラハス　シハシ　タツ　スツ
値チ　擿同　アフ　アタル　アツ
倳シ　事同　剚同　ツヽ　タツ

僁シ　少也
徝チ　當也
佴ジイ　ツグル
飤　飼同　ヤシナフ　ニクカム　カフ

侍シ　跱同　ツカフマツル　サフラフ　ハヘル　チカシ　ウケタマハル　ヤシナフ　タノム　ツカフ
㐌シ
偖チョ　勤同　ヤフル　アヤキ　ノカル　シコル　アツムル　イルカ
僌シヨ

儲チョ　動佫　タスク　スケ
佉キョ　御同　衙同　ツクロフ　ツクリトル　ヲサム　ウナカス　アツル　タスク　トヽノフ　フセク　スヽム　ハヘリ
失シヨ　處同　処同　處佫　トコロ
儫　像同　邊同　像佫　スミヤカ　ハヤシ　ミチミテリ　イツクノ　ニハカ　アワツ　イトナム　ツツル

僬ス　古作　封同　對同
傅フ　タヽ　ツカフ　トヽノフ　ツケ　ツカヘ　カシツク　カヽツル
付フ　アタフ　ツク　ヨセ　サツク　ワク
佈ホ

作サク　カハル　ヲヒナリ　イナス　タハル　ツクル　ヨコス　ナル　オコル　ナリ　ツカフ　又ニ　シ又
住ツチ　タヽク　ツム　トヽム　スミカ　モト　タモツ　トヽノフ　タテフル　メツ　スム
傃ソ　ムカフ　ヨモムク　カナフ
帶タイ　僑也　雋也

儷レイ　離同　ヨシ　ヒトシ　ウラシ　タクヒ　ツラヌ
儁シイ　僑也
俠ケウ　夾同　俠佫　イカル　ハサム　アタフ　ハサム　イヤシ　ツムシ　アタフ　エカム
傺テイ　チノ　アフ　ツク　カヽル　ツラヌ　ツカヌ　ムスフ

（14オ）　（13ウ）

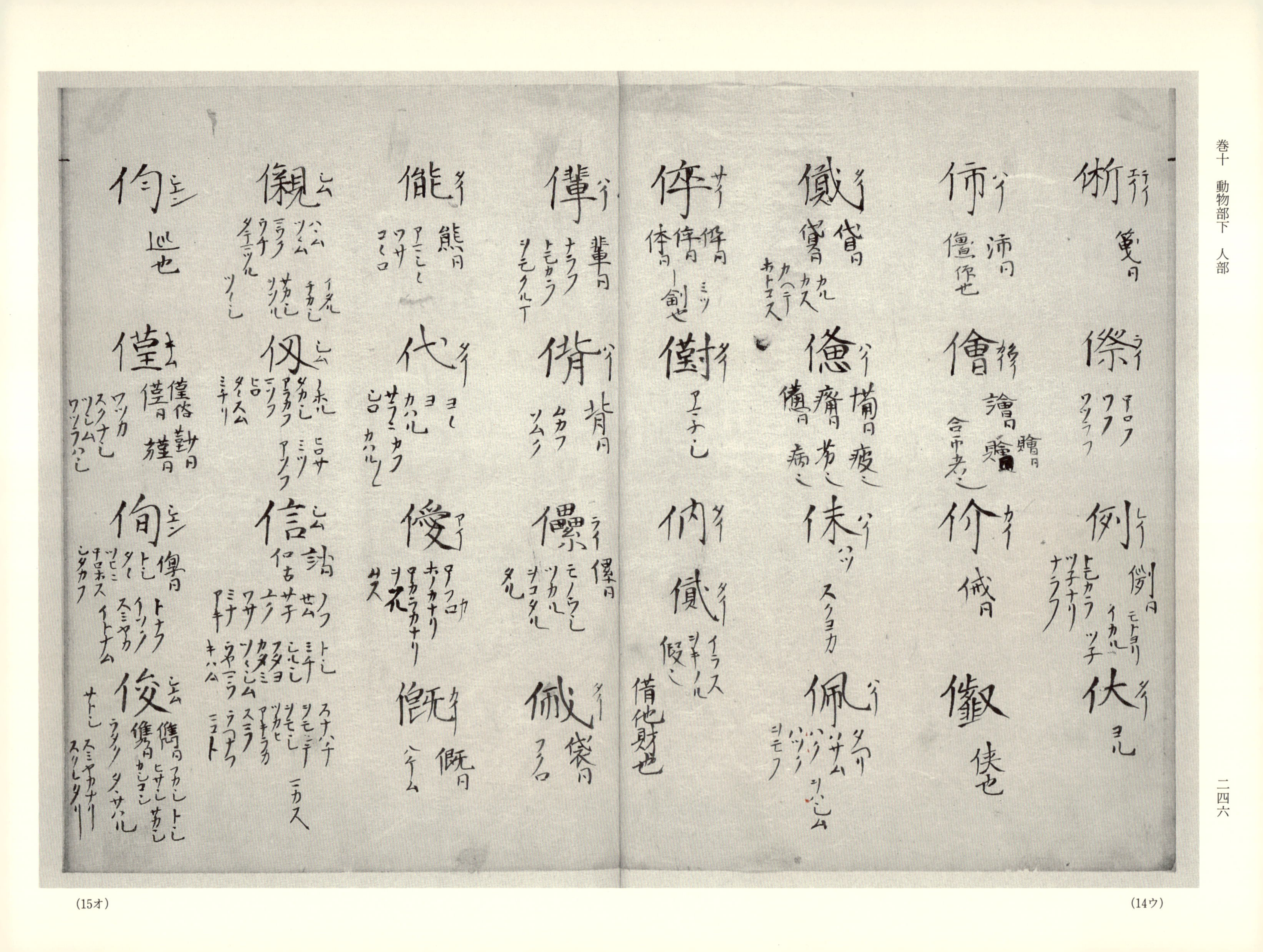

（15オ）

（14ウ）

巻十 動物部下 人部

右ページ（15ウ）:

債 シン タケシ タフス ウニカス ムツカル
　僨ハ習慣ス
原 クヱン 偃ハ習墓シ 僻ハ蛯習
　憶 致セ
偃 エン 题己
　健 ケン タケシ コハシ ツヨシ スノヨカナリ
仅 シン 點シ 識シ
　侃 カン 侃ハ ヤハラカ ヨロシ ナシ
　僕 シン ヤハラカ ヨロシ ナシ
仿 カン 雁ハ串日 トキ ツシネ 憎日 伸日 タラヌ ノム 遠
偶 公 備 商 佗
　傷 シン 慟ニ ミツテ タタラ ワスル
　俯 芸
倦 ケン 塔ハ 勒シ 芝
　僖 芸 姿ヲ スタメ ツフル
　億 レン 慟ヲ キモノ タカラ ミタリ
　佛 テフ アフク

左ページ（16オ）:

俵 ヘウ タハラ
　俏 肖ハ 不媚也
　傚 カウ ナラフ ニフ
狠 コン 貌ヲ 額ヲ カタシ ミシ キヤ
　吏 カタシ 閑カ 大カシ 不敢也
　仙 サ 小サシ
　優 ヱウ
傍 ラウ 徠ヲ 熒也
　倒 タウ サカサ カヘス カヘル ムツカス
　傲 タカブル 驁ハ
　憹 タウ シタカフ ヨリ チカニ ナラフ タトヒ ナトハ モテアソフ
佐 サ スケ 椿日
　個 サ ヒトシ アニ
　倚 カ 贊也
　体 クリウ ヤハラ

傓 サ

㑧 ワ

傌 ハ　大夫名也

傁 サ

偖 サ　偖同上俗　ムカレ　カクス　トフ　カリソメ　カリ　タトヒ　カス　カル　シノフ　儲一

㑯 ア　㞢同　ヨル　ヨリフス

假 カ　假同　カル　カス　カリ

倬 トク　棹同　ニヘタク

侚 キウ　向同　ナシトス　ミナヒク

僌

儻 タウ　儻同

伉 カウ

倞

停 カウ　アナカチ　タフル　ヨフ　スス

倩 セン セイ　猜

偋 ヘイ　屏同　アヤニチ　ヒカム

㑭 ヘイ

倣 セイ　政同　ノリ　シサム　ニサムシ　ニツリコト

侹 テイ　ウルハシ　ナカシ

侒

傈 レイ　ヒトリ

㑥 ヨウ　ツクル

儌

倭 ヨウ　ツチナシ　ミフシ

侑 イウ　タスク　スケ

僇 リウ　癡也

僩 ヒウ　古　宿同　スム　ヨル　アラカ　ヒトヨリ

僦 ヒウ　トヒラ　ヤトリ　ニホノ

㥿 ヒウ　ニノミナル

伏 ヒウ　使俗　フルニ　カクス

巻十 動物部下 人部

（右頁、右列より）

侑 イウ ススム ムクユ タスム

佝 コウ 拘曰 ナンジ モトム トシ

仆 ホク 踣曰 タフル フス カタフク ニカ

候 コウ 護曰 アフ サフラフ ニツ マツ ウカヽフ トキ

偶 グウ 謂 フタリ アフ タクシ ヨリ ションカラ トモカラ ヒトシ ヒトトコロ

儱 ム

倭 ヰム

傲 ガウ 無暇貌

傮 ム 儈 老癈貌 月上注

倏 ム 侏曰 上注

傜 ム

做 ケム

俺 カム 俚曰 イヤシキ シナノ

儳 サム ハヤシ ツヽシム シル

儥 ム 賞依 ヤクカ

倹 サム

（左頁、右列より）

傔 ケム タエ

偕 セム 偕曰 カリ アヤニテ カロシ サム

倒 タウ シツカリ ミタリ

俴 ハム シマキヽツリ シトヤカ

俵 ヒム 欠ヲ スクナキ アクヒス カシ

價 ケ 値曰 アタヒ アタス カク

儗 シ ナラフ ヒトリ ヒトシ

佩 ハイ 凧曰 アシ ツト スミカ ラス

俊 シユ 睽曰 ヒトリ スミヤカ タクシ

優 フ 鬘曰 ツキ タクシ ミキハシ

俶 シユク 俶曰 アツシ ハシメ ウコク

価 コ 個曰 ヒトリ ウラ

儲 チヨ 稲曰 モミ 不幸也

儐 ヒム 鬘曰 ツキ スミヤカ トシ

儸 シ 儸曰 トモカラ ツマラス

倵 シ スミヤカナリ

儻 タウ ミヽノ カツリ

佩 シ 蜾蛉也

巻十 動物部下 人部

俄 俿 侜 動也
　色名　人姓也

偊 偈
ショ　キョウ
屠曰　ツカレ
アツラフ　アツク
ツク

促 俗
ショウ　ショウ
越曰　儵曰
ツヽシム　ツカツクチ
ツム　チカク　スミヤカニ　ツカツク
艾レ　タケシ
ス　キハメ　チカシ
スミヤカニ　ヤスシ
ミリカニ　シトコ
モヨホス　トコロ

僕
ホク
僕曰　僕々曰　僕
儌曰　篠曰　ツカツコ
ツカフツノ　ダケシ
ツク　カツカニ
暽曰　ヤツコ
二レニ　カツカニ
メス

催 偶
ショウ　グウ
屠曰　アツラフ
アツク　ツク

偓 侂
アク　タ
水役也　水役色也

俊 俺
シュン　オウ
タヽミ　タヽコフ

候 倸
コウ　リツ
嫌曰　ヌスヒト
凜曰　栗
シ　シ

侒 伎
ヒツ　キ
ミテリ　タヽミ
ミツ　ナクシ
カカシ
ナム

任 俤
ヒン　シ
タヽミ　宵也
カヽシ
ムツム
ナリ

俚 偉
キ　ソク
休曰　アツラフ
狂無頭鬼色　份
份

儤 倬
ヒュ　タク
眼曰　昭曰
トフトラノ
コヽロミ
ナリ　サタム

倅 使
ヒュ　シ
使曰
俾也

化 伳
ケ　セツ
比俗　出曰
サナ　ム　矢
アトラカル
イサナ　ハ
ヒトノフ

佛 倨
ブツ　キョ
タスク　旅曰
ホトケ　ヌシ
クシ　トアルナリ
マトスス
マノカタナリ

儋 伋
キツ　キツ
皆儋色
シツクタリナリ
イサム

儗
ヒュ月

（19ウ）

（20オ）

僻 ヘキ 辟
辟同 僻同 僻古 侵古
躄依
ヒカム キル サル ハナル タカフ シツム
ヨコタハル アヤフ ヨコサマ ワカツ ヒカム
ユカム サカル カクス

促 シヨク 役同
ツカル ススム ツツマヤカ セム

倜 テキ
トモカラ タニ

倶 クキ

伽 ヒヤウ 闔同
キヨシ

側 ソク
ソハタツ ソハム カタフク ホノカ ミツ ススム

僥 ケウ
僥同 陟同 陟古
タスク ススム

億 ヨク
憶同 意古作
ヤスシ カナフ ヤスラカ オモフ

偪 ヒヨク 逼同
セハシ ヒトシ セマシ ヤスシ

仂 リヨク
ツトム カス

侙 チヨク
僘同 傲依 職
ツツシム ナホシ

僜 キヨク

僰 ホク

僖 ヨク
或同 僖同
モトム カタム

備 ヒヨク
整也

僶 ヒ
侳
不正也

伋 キフ
カタフク ヨシ

俋 イフ
耕良也

偮 シフ
習同
ツラヌク ナラフ トラフ

什 シフ
カナフ ニナフ ミル ススム アツム タスク

佮 カフ
アハス トル アハス

𠌶 カフ
要也 廢也

傛 ケウ
擣同 不健也

𠍲 セフ
シツカル カヨフ スヘテ アハム フス

倕 ケウ
僷同
イヤシ ヨソシ

亂 レウ
儠同
ヲカシ

傑 ケツ
ススム ミテシ トシ

偟 セウ
偟同
ススメカタリ サトル

倶 キフ
ウキヨ

傂 ケフ
偯同 蟶同
ハサム サムム

(21オ)　(20ウ)

(21ウ)

協 ケフ　協同　叶古　シヒヤカス　カナフ　サヒク　ツタナシ　舎来ル　ヒサク　ヘシ　サス　シス　ラタク　ウヒク　ヘツラフ

儉 ケ　檢同　ヒキル　フサク

俗 ゾク

偪 ホク　偪同

伊 カウ　猾同　姦同　カハル　チカシ　ナラフ　ヤスシ　ニナフ

儸 ヨウ　降不伏也

儆 ヒ　文　煩ー

俺 ヰ　文　ヒトヘニ

儩 シ

倣 エ　侵也

偟 山肩文

伃 ケイ

傀 クイ　ヨシ　オホキナリ

俟 アイ　係佑

偕 シン　シカク　スクル

(22オ)

僕 キン　偟同　吁寒文

佬 カ　彫文　大貌

佟 ー　蠕水貌

儵 チウ　四目六足魚也

仮 セウ　又如上

儶 ケウ　儌也

倖 カウ　オホキナリ

佯 カ　斛文

儆 キ　ヒヤ

併 スミヤカ　イソク　シク

僤 タン　オホキナリ

債 シン　ヤトフ

倢 知掩文

侹 カウ　侹同　ヨル

倩 ヒヨウ　ヒロシ

偺 シウ　侯也

傯 ソウ
𠍽 ハイ
傎 思主反
㒂 カン 佮宗字

僭 サマク アヤニ ミツ 僕自 緩帒
僤
傊 トン
僊 トン 仙也

仳 ヒシ 面醜
倘 モトシル 他朗反 ノ然也
促 タ千一千
傎 徐須反

㑶 邪飯反
𠋀 女溝反 弱ノ
㑨 コウ 地名
𠍿 胡積反

価 キ ウ
像 キ イカル
僜 神也
𠐍 丁姿反

俉 コ ツラナル ミシカシ ムカフ トヽム
僓 火眞反
倈 ライ ムレ
㑢 ツ カ マス

㑯 コン 老忘也
侶 リョ
𠐆 ケン ヒラク
僬 セウ 行客

㑤 ミウ ウルハシ
偂 ミウ
偌 ニャク アクル 人夜反
㒼 リウ 力救反

倚 呼八反
脩 イタシ アラシ 俖イ
他 私列反 イ僁也
佅 ヒ 肥夂反

佸 コシ アヤニキ サカエ ヤスシ タノシ

佫 カク 神名也
侘 恥各反 寄イ 侂イ 毘イ
倩 市各反 タチニキ アヤカナリ
伷力 ヨ 又郎得反

棣 蒲北反 棣正 西南人イ
僅 丁黒反 又並上
倄 タカシ カタカシ
偒 ナリハシ

僥 ヨシニツキ
倬 ハヤラス
傈 アキニキ
佛佛 サカシ ニヤト

倘 イヤシ
佛佛 ミヒラカナリ
偢 ニナフ ヒラフ
僈 チカフ チフル

侼 キヨ タム ウミシ サフラフ ヒサシ タモリ
僇 カウ イタワシ
僪 イヤシ イミム ミカ
僴 井 ウタフ サハフ

傻 コシ
僑 トリコ
偱 シタカフ アニナシ メクル
僠 ヨル

僗 シサム カサル
僟 フクロ サト
僚 イタツラ ツレく
儆 フクツケし

儞 コロス
偐 ツヽル
倏 シサム カサル
億 ミナキ公

㑗 カ ツヽヒト
偍 テイ ラツス
优 ユウ タスク
伉 モテアソフ

侗 ミラ 十井セヒ
倍 ソム
倌 ツヽヒ
儺 ミテイル

僌 フシツケヒ
僫 ラルフ
倫 トモカラ
得 イヤヒ

儀
價 カ 賈 アキ
佑 カト 石
僤 トコノ
偬 ヒノク

佪 カル
儤 ライ カサヌ
偎 國名 隈上
俣 アヤニテ

偓 テン 纏
偂 ミ多
僥 ナツモヒ シサク
偦 イウ ツラヌ アヒニツ

侼 トモ
傲 チ 上雑 會
僉 テン 盈
侢 シク

儆 ヒ 瞬同 儆俗
佽 アム
傰 カウ 又音學
儸 ヤウ 樂字
低 低同 估 医字

倓 ウカフ
傻 ナラフ 傀同 オキテ オ上
値 クッヘル
僤 ノク
傈 ロッス
化 タ 佗同
儀 キ カタチ タク
傻 魯上
傍 姓
化 佑 乙同

父部 八字

父 フ ハヽ チヽ
斧 フ ヲノ
爹 タ チヽ
爸 ハ チヽ
爹 サ チヽ
爺 チヽ
爷 カ 古和 古何反
釜 大 歩可反

母部 六字

(26オ)

(25ウ)

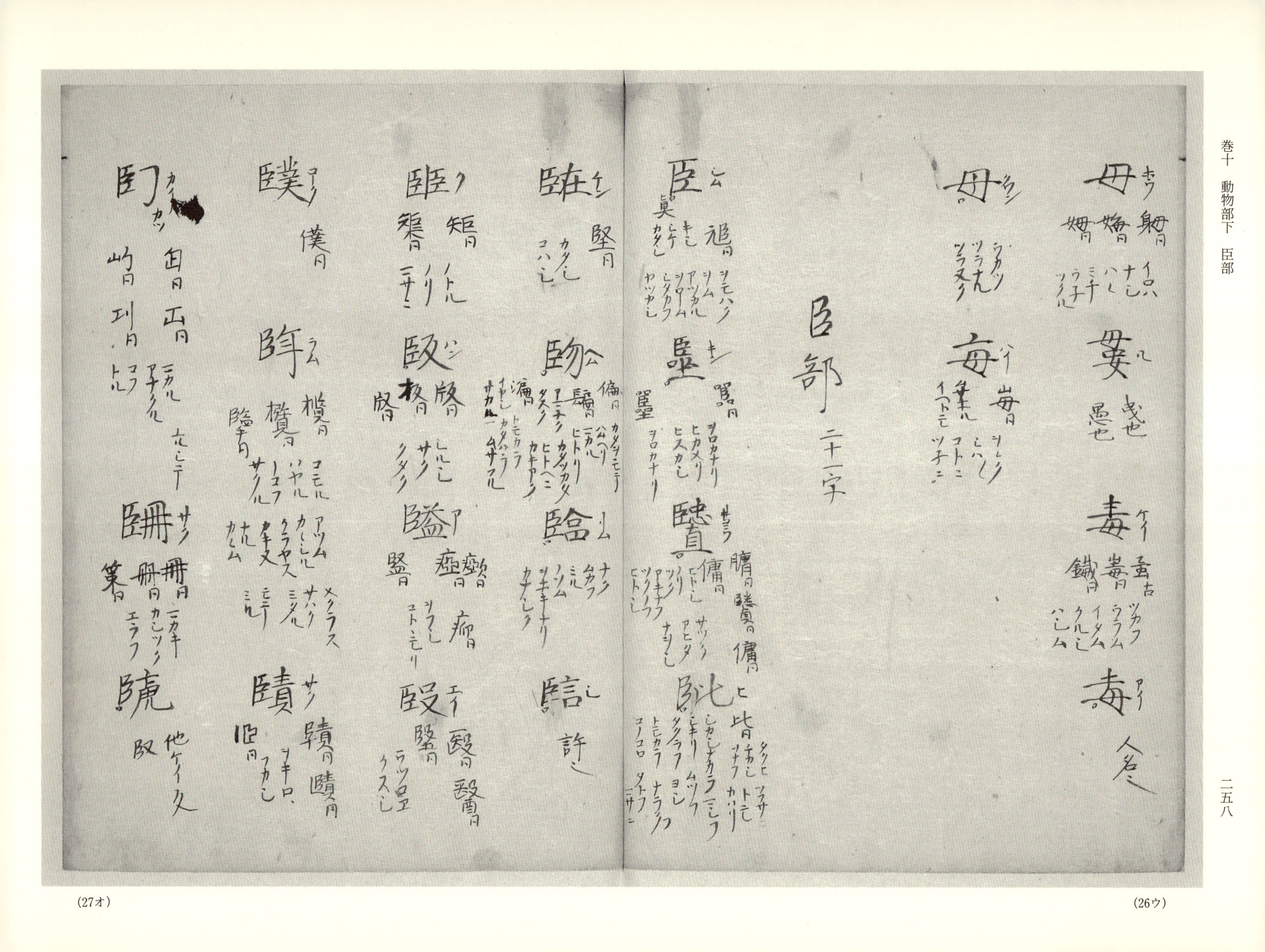

臣部　二十一字

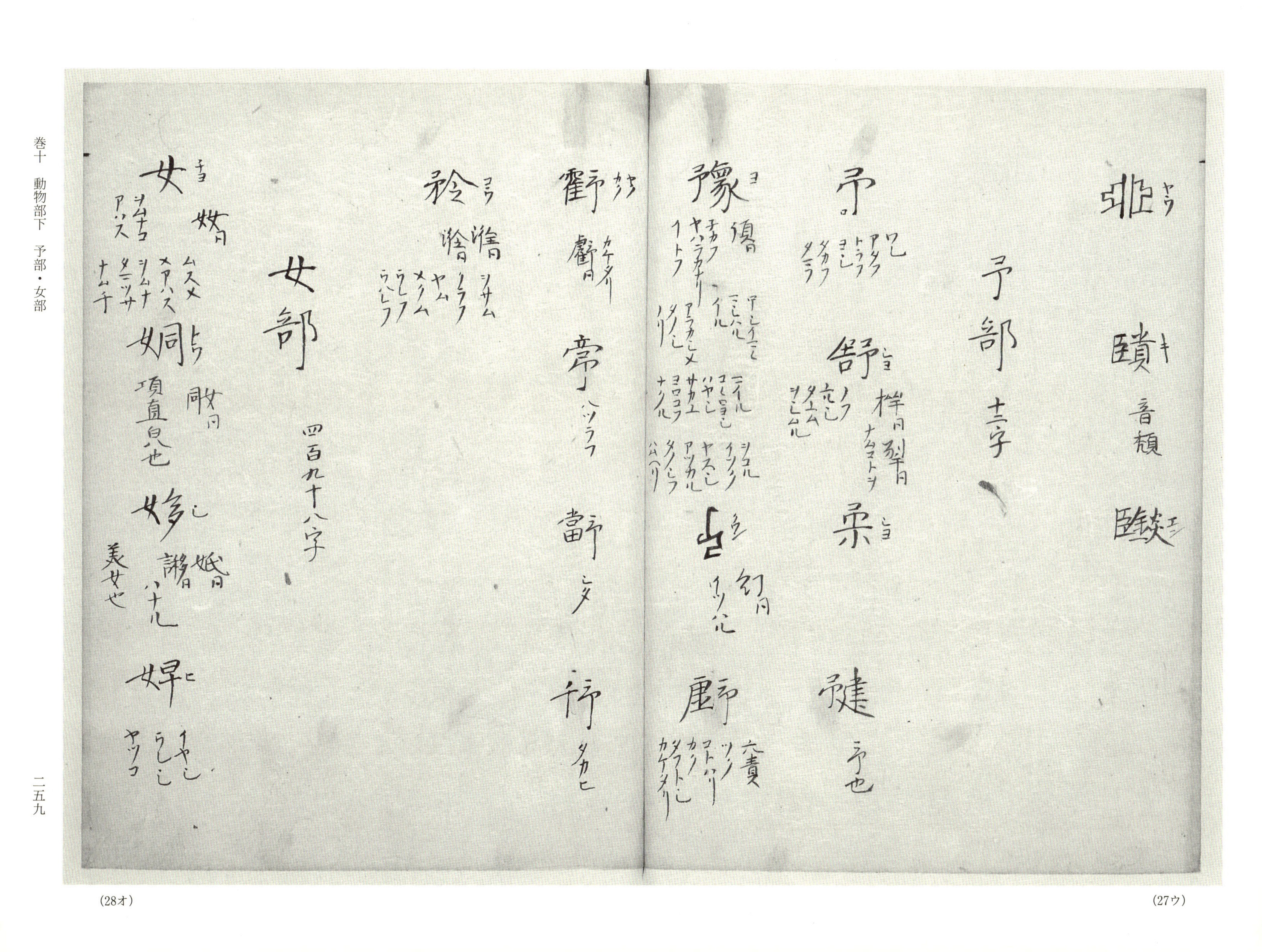

予部　十二字

予

女部　四百九十八字

女　ヨ

婍 キ 禕同 嬪同 奸也 婦人白也
孈 ケイ 孈同 シヲカナリ
姽 キ ソシル 訾也
嫛 キ ニクム

嬍 ヒ 美同 媺同 美白也
妣 ヒ 妣同 キサキ ハヽ
娝 ヒ 人姓也
姊 シ 姉同 コノカミ イロ子 ア子

[illegible] シ 姉也 恣也
娌 リ アヒヨメ
姒 シ ヤツコ シウトメ
始 シ 乱同 セム ハシム ハシメ ハシメ ミナ イエシ ウム

𡚿 キ 女字也
娓 ヒ 乱
婁 ル ミヒル シナ
嫵 フ 娬同 ヨキシムナ コヒ

婟 コ
姥 ア オハ シミナ ヲウナ
媽 ア 〃〃
婆 コ ムサヲル

娣 テイ シウトヽ
嬭 テイ ダイ 妳同 ハヽ シタカフ チヽシ
媻 カイ 媻同 コヽロカタメシ カタクシ
娞 サイ 古 餒同 ヨシ シツシ トヽミ ヤスシ

媁 ワイ ヨキカタチ
嫤 キン 嫥同 好白也
婉 エン エン 婉同 シタカフ ミヽシ コヒシ タヲヤカナリ ヤハラカナリ ケシ ニクヨシ メクル カホヨシ ウツクシフ ウツクシフ
嬾 ラム 俗 懶同 シツカナリ イトフ シツカナリ モノウシ モノムツカシ ヲコタル

嬗 産同 ワラヒ ニカル ムニル コウム
嬿 エン 云 美女
嬽 ケン アソレ
媔 ヘン 湎同 婉也

嫌ケム 鮮好也
嫌ケム
嬐テム
嬸シン 嬸同 コーム シタカフ タツヤカナリ

嬗セム 僐同 ヨシ
嬃シン ヨコ ユカフ
嫛テウ ナヤニス ニサクル タスフシ ヒキヒロフ ナフル
嫰ウ 人名之

嬈ケウ ナフル ネヤニス ニサクル フケル タルル ワツラフ
嫋テウヤウ ヒヤカナリ タツヤク ウゴカス タハム タツヤカナリ
嬝テウ
嫑エウ 僄同

嫟テウ 窕同 フカシ トシシ シツカナリ タツヤカナリ
嫋エウ 嬝同 窈佐 フカクトシシ シツカナリ ミヤヒカ ヨシ
嫶ヘウ 水淋同 ジャイナリ タニリミツ ヒロシ
嫶アウ 窈窕也

好カウ 㚥同 ヨウナ ヨシハタ コトムナシ スノム ヨシ カシヨシ アイス ウルハシ アソフ ヨミス スクレタリ ヨミス ヨシ
婹サウ 婽同 嫂同 ヨメ カハリ
媼アウ シウトメ ウハ
媹ル 㛦同 嫎同 嫋同

妞カウ 㺯同
娜タ 娜同 ヨキカタチ ニヤク ナヨク タオヤカナリ フスメ
妑タ 婃同 婦人之 ミヤヒカニ
婧タ 隋同 ヨシ ウルハシ 婧同

妥タ スエテ ヤスシ ヤム
姝タ 株同 椿同 櫓 構量之
媛カ コーム
妊タ 婝同 ヨキツムナ ユカフ マコル

姐サ サツ 瞡 媸
婸タウ アソフ タハフル
婧セイ ハラフ スクナシ
姘セイ 婧同 シツカナリ

𡛉 テイ

媁 ケイ　俸也　倖同

姳 ヘイ

婦 ヒウ　ヨメ　メニノ　ヒタカフ

嬼 リウ　嬼　嬼同

嫐 トウ　女名

娃 ヒウ　妃白也

嬝 ヒウ

嬋 ムム　ミツし

婾

媰 公

始 公　卿名

嫌 女字之

嬐 ムム　トし

姍 長好也

陵

嬮 ケン

娍 ヒウ　シロカナリ　ミナフ　ミトフ

姢 ヒウ　ヒヨフ　カヨヨし　媍同

妐 ヒヨウ　夫婦也

姽 ハウ　女禪名

媊 し　明星也

嫣 キ　水名也

婱 し　ヒウトメ

婼 し　ミヤシ　チヤシ　人姓之

妓 キ　シウチ　ウルハし　妓同

孆 し　アツし

孋 リ　タシヤカ

娑 し　娑同　不媚白也

委 井　ヲカナリ　メナハル　シタフ　ヒアム　クワし　ツハヒラカ　アしニし　ヒメカフ　ミウス　スツ　サツク　ツモル　ニカス　カナフ　アツニ　ヨリ　ミしハル　シツ　ツム　ウルハし　ユツル

娺 チ　イカル

姨 イ　姨 同　イモヒラトメ　コヒラトメ　イモト　シハ

嬲 リ　后名　嫽 同

婎 キ　ミミノし

姿 シ　スカタ　シナ　カタチ

娭 キ　タハフレ　ヨノム　ウハナリ

娭

媸 シ　ヰコル

娸 キ　ミミノし

嬉 キ　タノム　タハフル　アソフ　ヨロコフ　タノシム　タフレ　ウこし

媪 キ　文

娶 キ　ヨロコフ　タノシム

娶 イ　ヨし

婔 キ

嫜 キ　アテモし　ヨし　ミミノし

嫉 イ　シラナ

妃 非　キサキ　ミヤストコロ

婶 キ　嬶 同　ヒカリ　カヽヤク　嫜 同

斐 ヒ　ミミノし

婦 タ　偩 同　ウルハし

娜 ヨ

嬩 ヨ　ヨし

如 ヨ　カクノコトキ　シカルシ　ムカし　ユク　コトし　シタカフ　ミトし　スアリ　イニ　ナリ　キ　イハし　スラ　シ

妹 ス　イチヒロし　ウルハし　アヤし　カロヨし　サヤカニ

娵 ス　聚 同　ミソメトル　トル　ヨキトリ

娛 ク　ヨロコフ　タノし　モテアソフ

嬬 ス　サウナ

媮 ト　ヨロコフ　タノシフ　ココロヨし　タノム

妓 フィウ　セウト

姁 ク　ミヤヒカニ　相樂良也　后名

嬬 ス　妾名也

嫂 ス　シラチ

婦 フ

(32ウ)

嫫 モ　蔓白　ミミクし

娪 コ　義女名之

奴 ト　伇白　ツカヒ人　ヤツコ　ツフ子　ヤツカリ

嫴 コ　ツミ

姑 コ　ニヌ　ヒウトメ　シハ　ヒハウリ

嫨 ケイ　ムスメ

婗 ケイ　コナコ

媞 テイ　ヤスし　アキラカ

嬖 ヘイ　嬖白

妻 サイ　婁白　安古　麼古　ウラム　メアハス　ツマ　アニフ

嫛 エイ　小兒

嫮 カ　嫭古　妹之　質之

娃 ワ　カホヨし　ヨキカタチ

娾 カイ　ヨロコフ　ツノムし

孃 カイ　懐白　懐白　嬉白　ラタク　スツ　ハラム　カ子ル　イタシ　キタス　カタリ　イタワ　コトロ　チカし　イタル　ヤスし　ヤヤル　フトコロ　シモフ

(33オ)

嬉 ケイ　不白也

媒 ハイ　ナカタチ　ミカツチ　ナカタチ　メハカル　タハウル　シトリ　シケリ　十九

嬯 タイ　ニクし　シナし

媸 ハイ　ヨキカタチ

姟 カイ　大凡也

媥 ヘン　姻白　ツトヰ　ムツト　ヒウトメ

嬪 ヒン　膑白　嫔白　嫔古　アメツカス

娠 シム　ハラム

嫡 ヒン　エエ

姰 シユン　和適也

娩 ヘム　角娃也

嬜 シム

妘 ウン　鼏白　鼏白　宮姓之

妢 フン

嬔 エム

嫄 ケン　原白　水本之

嫒 エン タヲヤカナリ
婚 コン 婚同 ツルフ クナフ ミウト ミトツク ツルフ
嬗 セン ゼン メクル ミツカナリ モヌクル モノミクルフ メクル カサル モヌクル ミツカ ウルハシ メクル
奸 カン コナミ ミツル タヽシ ウルハシ ヨコサニ シカス カロヨシ

姗 サン 誹也 ソシル
婣 ハン 醜皃也
嫨 カン 婦人怒皃也
嬽 ワン ハン ミノヨキナリ

嫛 ハン 奢也
⿰女女 ダン ウタフ アラソフ 妟同
姦 ⿱姦手同 ⿱姦廾同 扳同 佟同 姧同 ミタリカハシ サテ アサムク サヽヤク カシカマシ カタマシ ヨコサニ アタ ヒカム カミヒスシ サヽノ イツハル サハカシ シカス ヌスム アハス ミタ

嫺 カン ミツカナリ ウルハシ
嬛 ワン 於嫁也
嫻 カン 習也 ウルハシ
姸 ケン ヤスシ ヨシ ウルハシ カロヨシ

⿰女朋 セム 媥同 カルシ
⿱弦女 ケム ケン ⿱弦女同 ノソム
嬥 ケム 婘同 孏同 ヨキカタチ
嫙 セム 𦡹同 嫙同 ヨキ形 コノム

嬋 エム ミツヤカナリ タヲヤカナリ ヨシ
嫥 セム 嫥同
嫚 エム ヨキシナ
娟 エム タヲヤカナリ ヲソシ

嫣 ヘン ケン エン ヨキカタチ
㛹 ヘン ヨキシナ
⿰女然 ネン セム 商姓之 シナツサハリ
⿰女要 セム 容色美皃之

嬥 テウ タウ コノム ヨキカタチ ミソ
嫽 レウ 好皃之
姚 エウ 姚同 美好皃 ナヤヒス
嬌 ケウ コシル カタマシ タヲヤカ コヒシリ イツハル コヽロ ニコル 協 シナ

　

嫖 ヘウ 嬰 同 カロし 身輕便こ

妖 エウ 媄 同 䴊 同 サイハヒ タヲヤカニ ミヒロク ウルハし コヒ ヤサし カホヨし アヤし ハツ ヨキシナ ナマメイタリ タフロカス

媱 エウ 美好皃こ

要 エウ 𡢃 同 嬰 古 寠 同 㜸 同 ヘタツ イレ 嬛 ミトム モトム 𡝸 チカフ カナラス チカラ ヨル シヒタリ ミカニ ハヽラ メス トこ

姣 カウ 姿 同 好こ 嬌 古 コウ

媌 ベウ ウルハし ヨし

嫶 サウ セウ ハウノ 未小也

𡢗 サウ ー婦也

嫪 ラウ 惸 同 アイス ヨマム カタし シムム

嫯 カウ

嬥 テウ ー嬻こ

媠 タ 諂 同 嫺 同 ヘツラフ ラタカフ ケフラカス

娥 カ 䄉 同 セウし ウルハし ヨし

婀 カ 娿 同 シナヤカナリ ヨキカタチ

閜 ア 婷也

娑 サ カヤ ニイノカヤ

㛂 カア 女皃也

娑 サ ヌ…

婆 ハ 㜑 同 嫛 同 㜪 同 トラカス ハヽ

嬤 ハ 麼 同 麽 同 アニ

嬗 セ 㛐 同 嬌 同 嫕也

㛳 カ 嫁 同 𡣍 同 李 同 ヨし ウルハし カホヨし ワヒし

妑 ハ めこ

媬 ワカ 女持

媃 タ ヨし

㛹 カ

姜 キヤウ 水名

嬌 ケウ ヨウ 嬌 同 嬌 同

妨 ハウ サマタク ヤフル ハカル

孃 ニヤウ シナヤし ミタル シムナメ ハし

巻十 動物部下 女部

(35ウ)

娘 ムスメ ヨキツクナ
媄 アウ ヨキシナ
嬦 テウ
嬬 タウ 毛美シ
媄 アウ 煌 ヱ

女霜 サウ ヤシメ
妤 ヨウ イシク
娯 ウ 婚 フシ
妍 ケン ニヨトコス

嫇 メウ
嬌 エウ
媽 エウ 争日嬾ハシ 書曰嘩日 ヒク イシク サウ イカテカ アクウ
媣 カシ 人ニ 婚 婚

嬈 エウ
嫯 エウ 嬰 テイ 蕎と
嬰 ヱイ カシコシ メクラス 嬰児 ミトリ 嬰

妊 ヱイ
媔 メン
嫂 ヨロコフ
婐 由 婚日 イム 人ニ シタカフ

女巠 鏡
姶 アフ カワヨキシ

嫡 タウ ホスカタ
壹 ロウ 娃日娠日 雷日
獻 カウ 貪愛也

婞 エウ 婚日 イカシ
婚 コン 嬗日 ヨキカタチ

圣 シ 妖ヨウ ヨシ トラカス
歃 ケム 怯ム
嬉 エム イカシ
女参 サム

枕 ヱム 娩依 メヨキ
嬉 月 モチフ ナナフ 月名 メヨキ
楚 ラム 惜 イメシ アタク
娟 ヱム 妻
女染 ラム 染月 婆日 アキラカ

姑 セム セフ　呫俗 カルシ ウスシ
妗 セム キム ワラフカナ ヨロコフ
孅 セム　孅俗 㩥俗 ワカヤカ アツシ ヒナ
嬮 エム エフ ヤハラカ ニコヤカ ヨシ

姿 セム ヨソホフ
嫌 ケム　慊俗 キラフ チヌム イキトホル モトム ウタカフ ウラム ソネム
嬞 ナ　嬞俗
嬉 イ タノシ

媿 キ　愧俗 謉俗 聭俗 ハチ ハツ ハチシム ヒタカフ ミミクシ
嫉 シチ ネタム ウラヤム ソネム チタム ネチケ イトフ
媚 ヒ　㛮俗 栴俗 コフル トフ ウツクシヒ ナマメク コヒタリ ミヤヒヤカ ハシ
嫚 ヒヨウ ヤフル アナツル チヌム

婺 シ イヘ
娼 シ ナミラフ ミヤヒカ シウトナ
嬉 シ ムスメ
嫗 ウ ウハ シウト

媾 ク
婉 エン　婉俗 嬿俗 㜲俗 嫕俗 嫕俗 トヒ
嫠 フク 女ノツトムスメ
娛 コ

嬗 セン　嬗俗
嫁 ト　婦俗 モノチタミ ヲトリ チタム ユラナリ ヨシ ネチケ チタミ
嫭 コ　嫭俗 娉俗 ウルハシ カホヨシ
嫕 エイ

妎 ケイ
嫃 チム　嫃俗
媲 ヘイ　跪俗 トヒ
嬖 ヘイ アイス アハレム ウツクシム イツクシミ アハレム ヨロコフ
嫛 エイ 薬須息

嬗 エイ
嬒 ワイ ワツ 女黒色也
娧 タイ　娧 婧俗 ヨシ ヨキカタチ
嬇 カイ ムスメ

(38オ)

(37ウ)

(38ウ)

(39オ)

媟 セツ　ナレタリ　媟月

嫳 ヘツ　イカル

⿱契女 ケツ　女皃之

⿱列女 レツ　⿱列女月　憂皃

媙 セイ　此也

⿱薩女 ケツ　⿱蓺女月　憂之

嬳 カク　嬳月　ヨシム

妁 シャク

⿰女樂 ヤク シャク　ウルハシ　美好皃

妁 シャク　クム

婥 シャク　ウルハシ　ユルカナリ　ヨキカタチ　ヒソカニ

嫡 タキ　トツキ　ムカヒメ　ミトノメ　ツシ　コサシ

嫧 サク セキ　隤月　嫧月　ヌヤカナル皃

嫿 クワク　ミヤヒヤカニ　ヨシ

⿰女適 セキ　嫡月　トツキ　ツス

⿰女弋 ヨク　婦女官

⿰女盧 コク　踈身也　シヒツカナルミ

嫼 コク　怒悪皃　イカリアレキ

⿰女虎 コク　婋月

嬆 キフ　女性淫之

姶 アフ　女美好

⿰女沓 タフ　婦人皃

⿰女荅 タフ

⿰女及 サフ

妾 セフ　コナミ　ヲウナメ　ミメカフ　メカヒ　トトル

婕 セフ　婕月　美女皃

⿰女遀 ヘン　婦人皃

⿰女夾 ケフ　得志之

婩

⿰女畐 サフ

⿰女聶 タフ

⿰女東 トウ

㛚 ヨウ
⿰女龜 キ
⿰女熙 キ
妛 ヒ

嫠 リ 力之反
⿰女丙 リ
⿱毛女 女ロ奥
⿰女叟 エ

⿰女知 胡圭反
⿰女逢 ワイ
⿰女犀 カイ
媋 シユン

嫀 シン
⿰女剽 ヘウ
⿰女虎 ヒヨ
⿰女爪 サ

媑 先陽反
娼 シヤウ
嫜 シヤウ シウトメ
⿰女男

妧 カウ ヨキヲンナ
⿰女崩
婷 テイ 青 ウルハシ
⿰女登 トウ ヨキヲンナ

姮 コウ
⿰女修 イウ
⿰女柔 ニウ 如舟反
⿱斬女 阻含反

⿰女音 アン
⿰女衣 ヨ ミニクシ
⿰女呂 リヨ ミニクシ
⿰女罔 バウ

嫊 サイ
姫 シン ツヽシム
娚 ハウ ヨキカタチ 𡟯 同
嫐 カウ ウハナリ タワム ナヤム 奴好反

她 シ
嫎 ハウ
女不 ハウ ヨキカタチ
婡 ヨキ皃

婚 シン
嬐 ケム ヨキシムナ
女胃 六貴反
女自 シ

婶 ホ
婿 シン
婦 帰
女丕 ヘイ ハラム 普悔反 ハラム

婜 口問反 ヨシ
姲 カン
婷 ヒン 姘 同
姁 キウ ヨシ

㛂 コウ 丁候反
娚 ナン ヨキカタチ
女要 セツ
妃 ヒ

媧 ク
媚 セツ
女截 セツ
女褻 セツ 褻 俗 𡟮 同

女曳 思列反
女乍 張略反
嫗 ウ 媼 嫗 同 二俗
女香 キヤウ

𡛼 イウ
嬾 ラン カホヨシ
姑 ウルハシ
姻 コノム

妮 ナ ウルハシ
嫙 サウ ニノム
嫖
婡 ライ ツシム ヨシ

㛐 サイ ヤシナフ
媼 タシヤカ
㛅 ツク
姳 ヒロフ

㛙 サウ シンナ
妶 コヒウトメ
䠢 クン コナミ
嬮 メ ムスメ

嬬 ト トニく
炳 トル
嬰 タシヤカ
好

嬾 ラム ミヤヒカナリ
嬶 セイ ムシアト
嫞 ヨウ
嬞 クワウ

姝
㛖 カク ヤサシアハス ナニメイタリ
婡 セツ ウルハシ
茵 未詳

葦 未ー
嫡 未ー
媳
嫭

嬲 ヨウ
嬫 俗栄字
娚 カウ
嫃 シン

婦 タケし
婫 コン タノし
嫳 ヒ
婚 カイ 三合

妟 タ
嫎 ハウ
媞 タ 音軌 フケル
嫹 タ

鬼部

一百二字

鬼 キ 槐 シニ タカし
鬾 キ シニ
魳 コ ヲヒノナ
魽 コ 蠱 ミヤシ 㔸 コト ミヒナフ ミサシ ツカフ

魑 ナ ミニクし
魎 リヤウ 魑 魍 ミツハ スタニ
魍 ヒヤウ 鬼 魍 スタニ 魎
魓 エイ

魇 エム
魌 トウ ミニクし
魑 チ 魑 魑 魑 ヤミラ タマニ
魃 キ シニキモノ

魌 キ 魌 顛 シニ
魋 キヨ 魑 魑 シニ
魑 コウ ストラフ シラコエ
魈 コ シニノカタチ

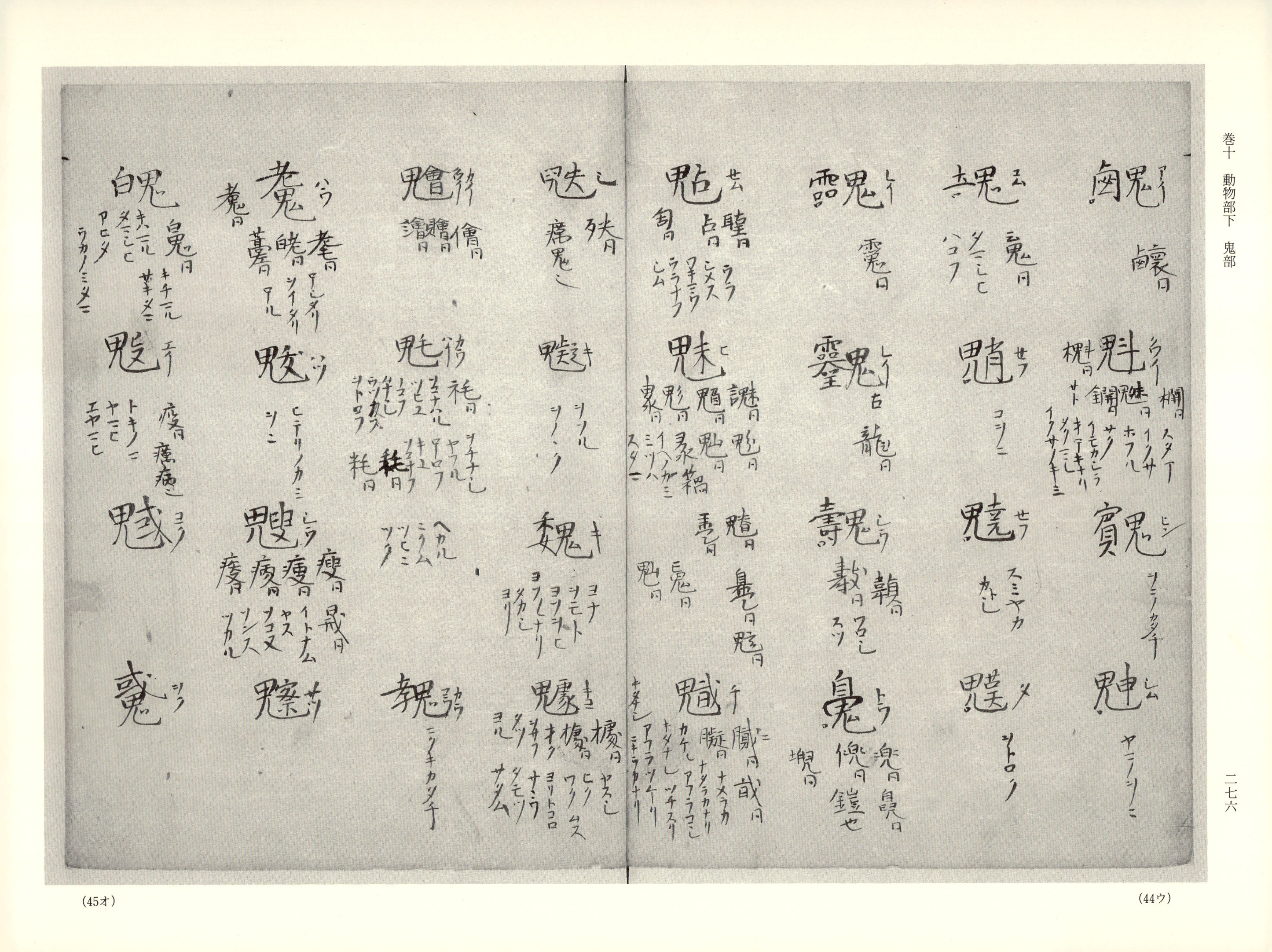

（45オ）

（44ウ）

魅ミ
魊カン
鬽ミ
魆
魔世文

鬾メ
魔ミヨウ
鬾カウ
鬺ヤウ
腸

魌
ホヒノナ
鳴ヰ
魁フ
ホヒノナ
魂タ

魌
魼カフ
音蛤
魄ハウ
ホヒノナ
鬼生キウ
オニ

魑ミ
シニ
魀キ
ホヒノナ
鮐ミ
魒ヘウ
シヒノチ

我鬼
鬼束シ
シニ
鱗リン
シニ
鬼吾コ

鬾ヒ
シニノ子ミノ
鬼雇コ
寃キヨウ
地名
鬼瞿キキ
シテツカヒ

化鬼キ
鬼有
鬼里リ
魙サム

魙 ニキ ミミクし
鬼行 シニ
鬼有 シニ
豕鬼 ホウ ミミクキカレラ

力鬼 角 サウ シヒし
高鬼 カレラナキシニ
業鬼 ウ ミミクし
鬼畢 ヒツ

鬼僉 ケイ
鬼炎
鬼支 ラコカス
夢鬼 ホウ シニ

鬼同
鬼達
鬼麦
鬼田

鬼能
鬼逢
鬼登 俗 勤字也
鬼逢

田鬼
剝鬼 カコツ
魁 ナ

鬼斷 ケモノナ

字鏡集十

應永廿二年四月廿八日写之

以上四十六丁

（47ウ）

参考図版

ノドにかかる難読文字の接写撮影図版

括弧内の丁数の下の漢数字は原本の一面四段書写の段数。接写不能箇所は翻刻した。なお、尊経閣文庫所蔵『（天文本）字鏡抄』および宮内庁書陵部所蔵『字鏡集』（谷森本・清水濱臣旧蔵本）を参照した。

巻六（8ウの一） 本文一一二頁

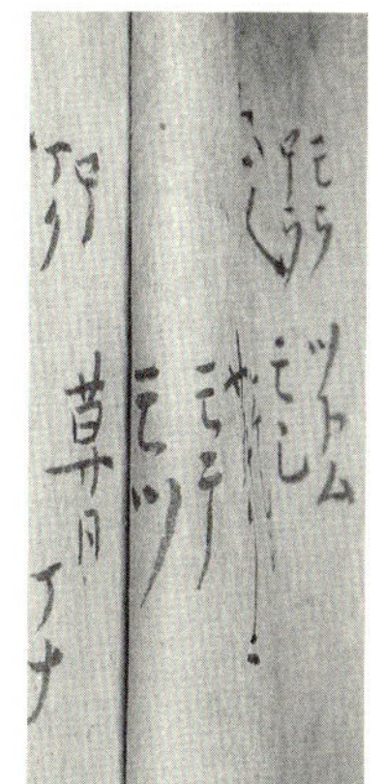

巻六（17ウの一） 本文一一一頁

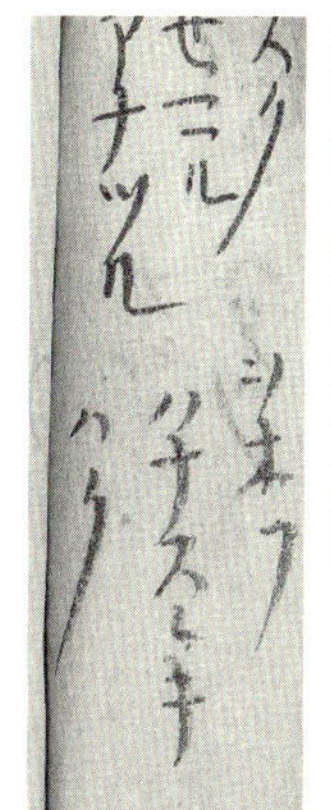

巻六（21ウの三） 本文一一五頁

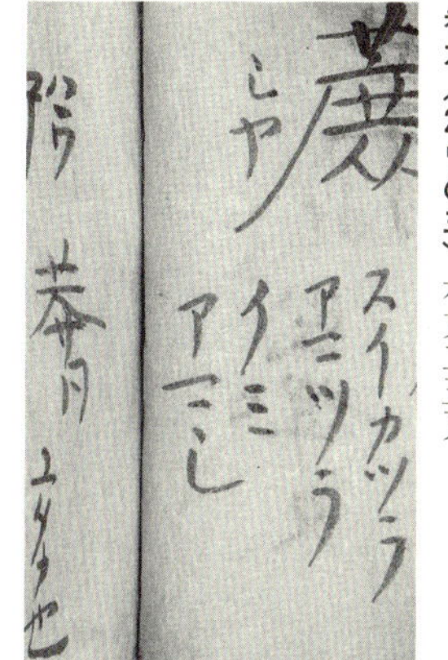

巻六（23ウの一） 本文一一七頁

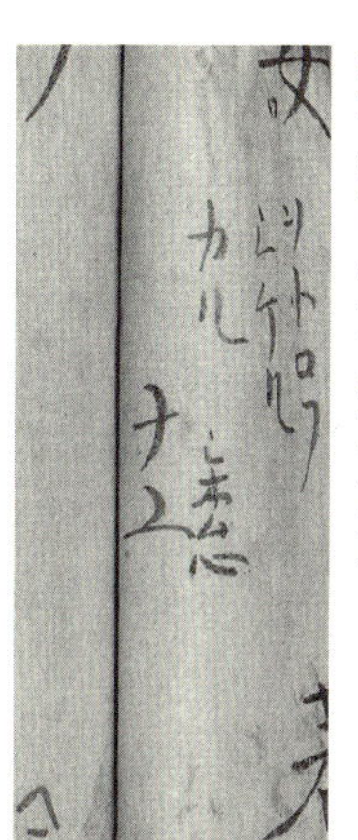

巻六（35オの一） 本文一三八頁
「蕤」の右に「スイ」「シ」あり。

巻六（42オの一） 本文四五頁

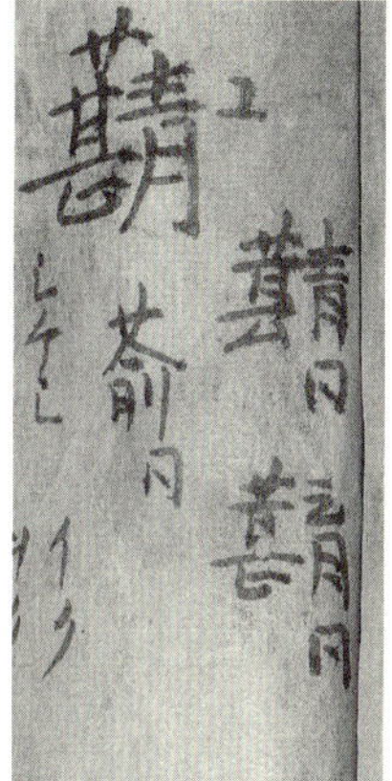

巻七（4ウの一） 本文五八頁

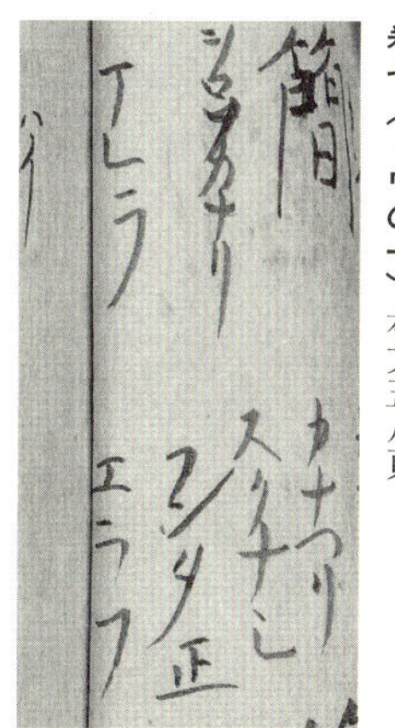

巻七（25ウの一） 本文七九頁
「イタク」の左に「コレ」あり。

巻八（19ウの一） 本文一二一頁
「羌（キヤウ）」の左下に「羕同」あり。「羕」は「美」に同じか。

巻八（20ウの二） 本文一二二頁

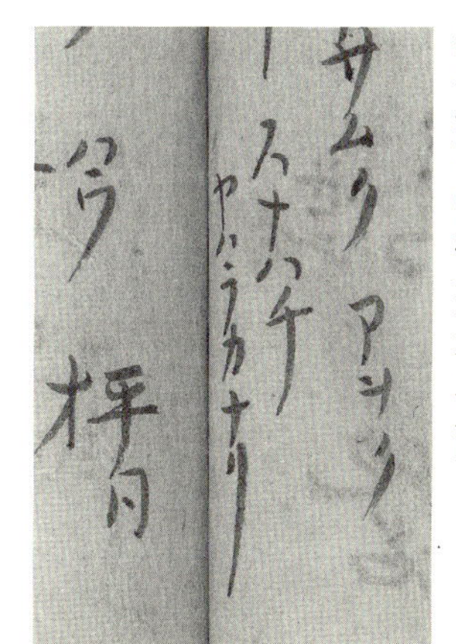

巻八（23オの一） 本文一二四頁

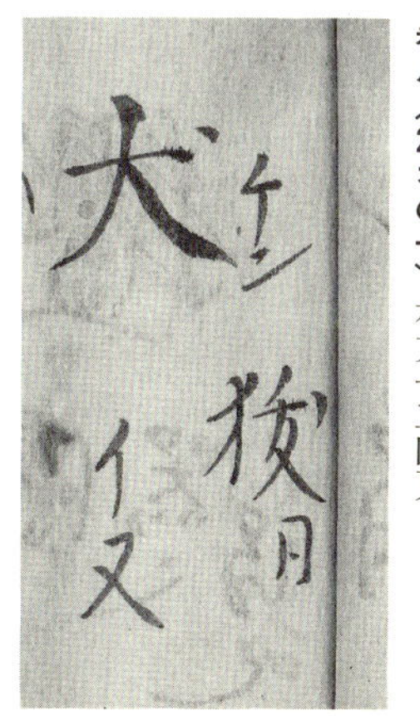

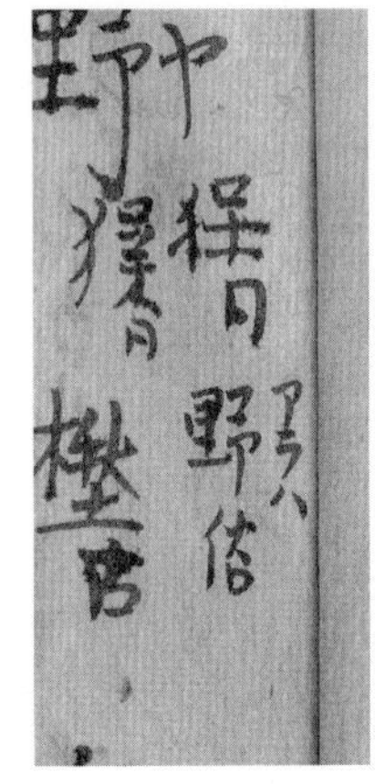

巻八（24オの三）本文一二五頁

巻八（25オの一）本文一二六頁
「麋」の右下に「丨鹿」あり。

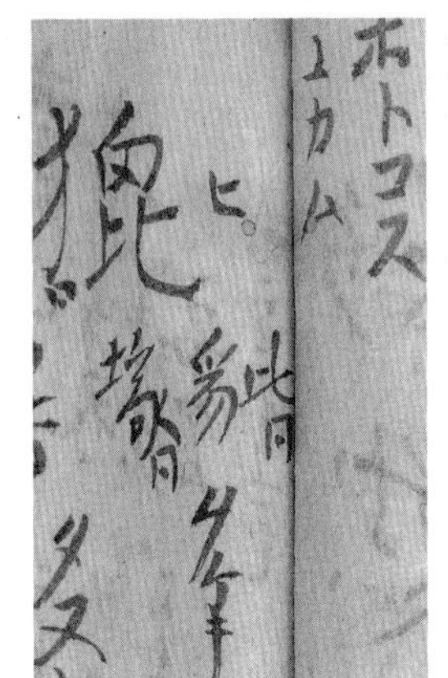

巻八（25オの二）本文一二六頁

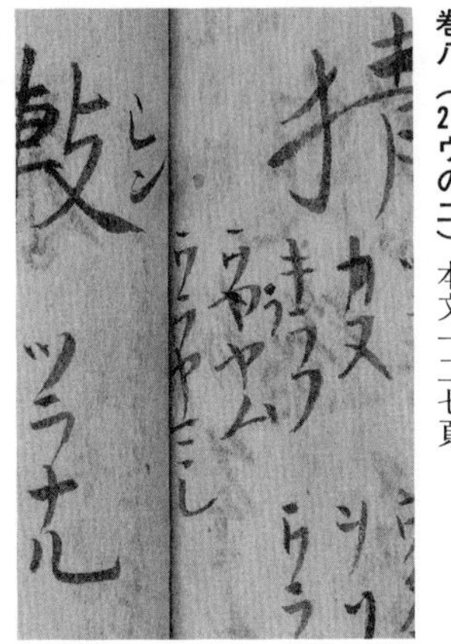

巻八（25ウの二）本文一二七頁

巻八（29オの一）本文一三〇頁
「鼣（ハイ）」の右下に「狖雌狢也」あり。

巻八（29オの三）本文一三〇頁
「狦（シン）」の右下に「狤（カイ）イヌノナ」あり。

巻八（35オの一）本文一三六頁
「狪（トウ）」の右下に「似三豕イノ出ルニ二泰山ヲ一」あり。

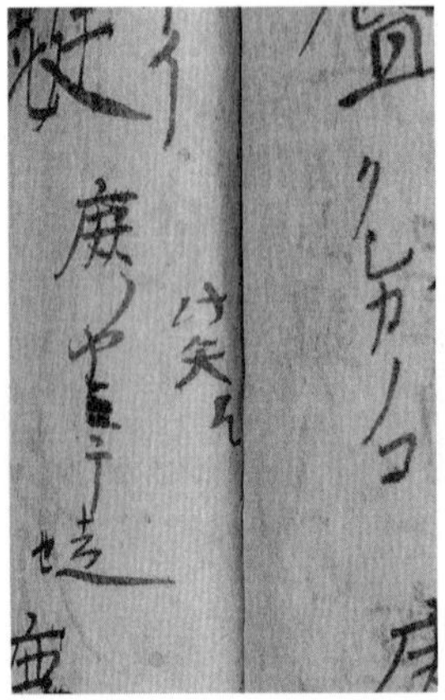

巻八（42オの一）本文一四三頁

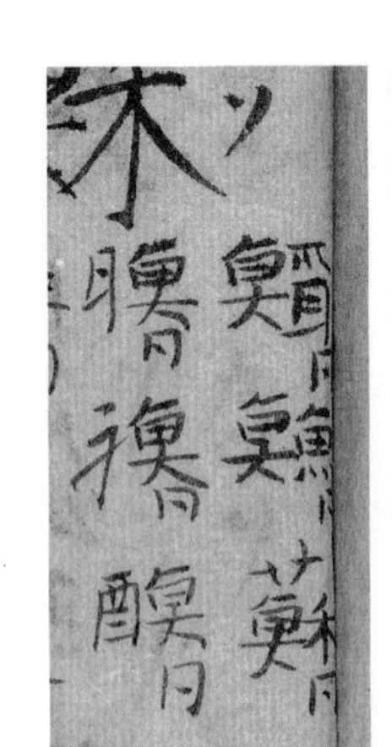

巻八（47オの一）本文一四八頁

巻九（4オの一）本文一六七頁

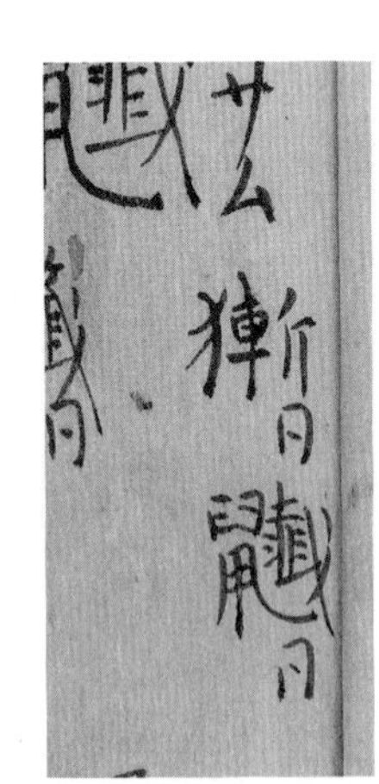

巻九（22オの二）本文一八五頁

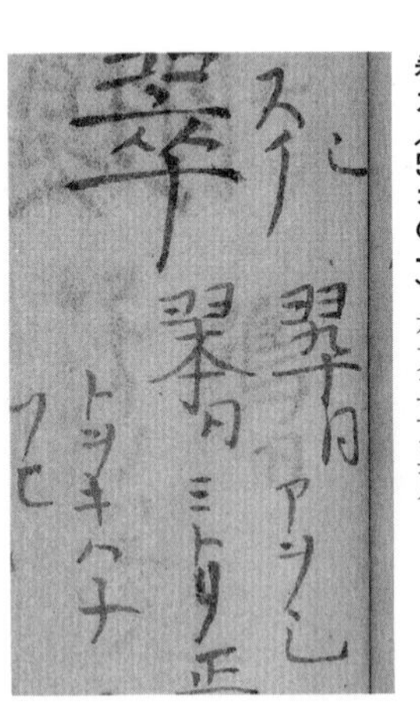

巻九（50オの一）本文二一三頁

巻九（50オの二）本文二一三頁

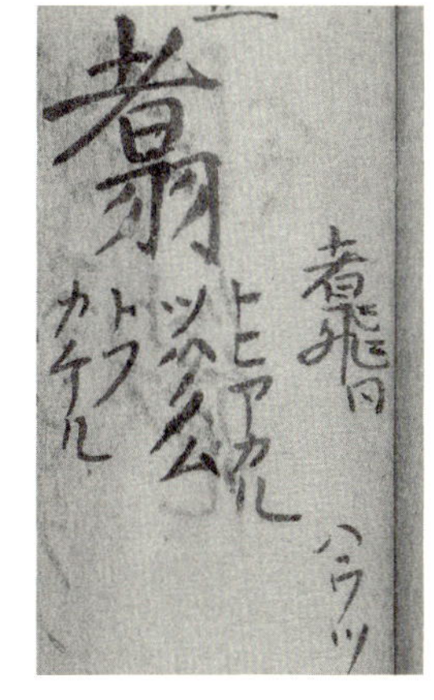

巻九（50オの三）本文二一三頁

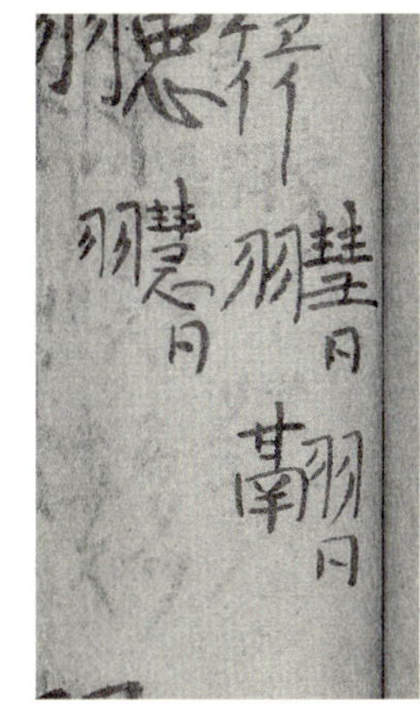

巻九（56オの四）本文二一九頁

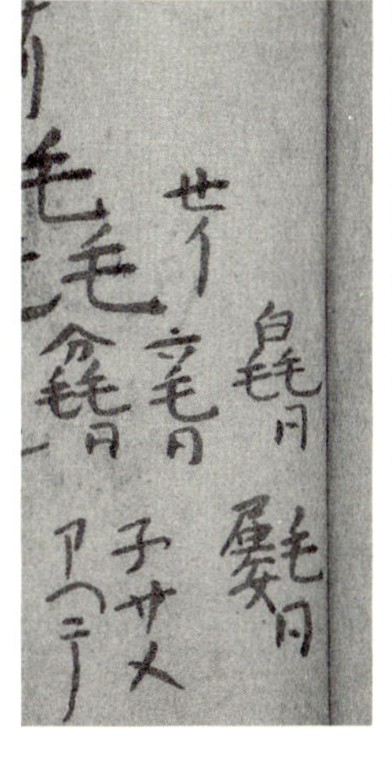

巻十（6ウの一）本文二三八頁

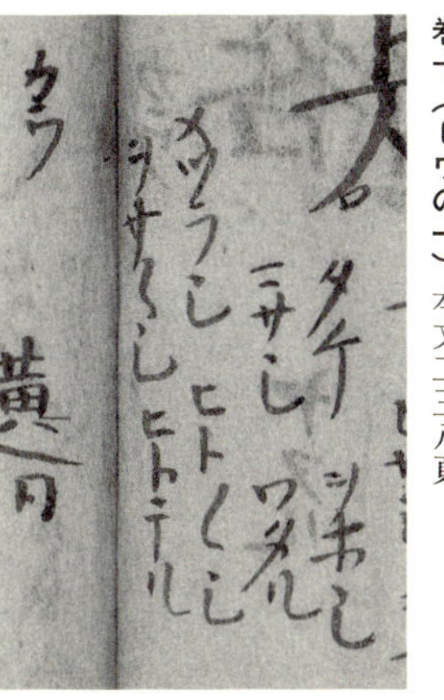

巻十（8オの一）本文二三九頁

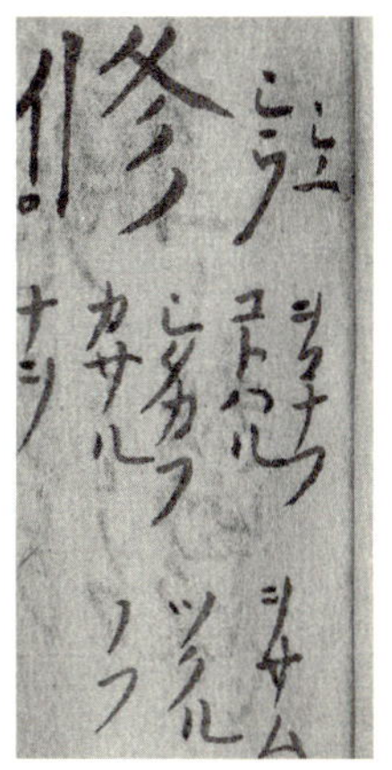

巻十（9ウの三）本文二四一頁

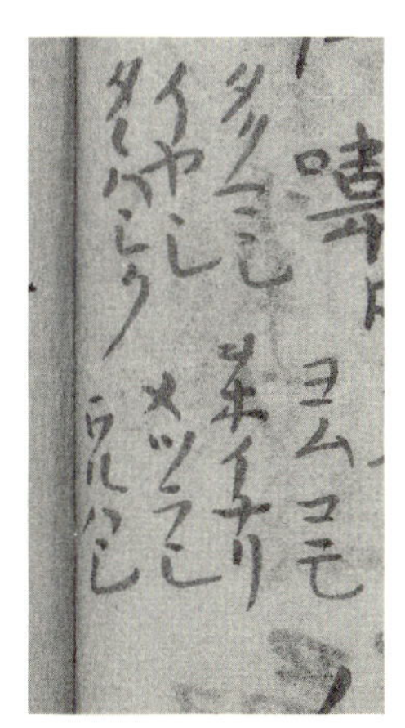

巻十（10ウの一）本文二四二頁
「アフク」の左に「ナヒカス」、「ソラス」の左に「マカス」あり。

巻十（12オの一）本文二四三頁

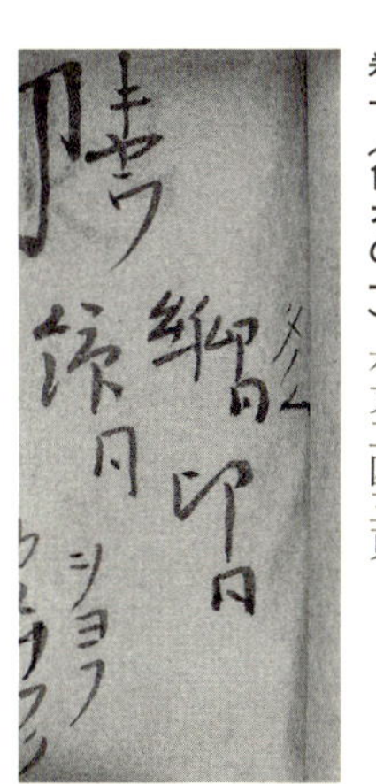

巻十（13ウの一）本文二四五頁

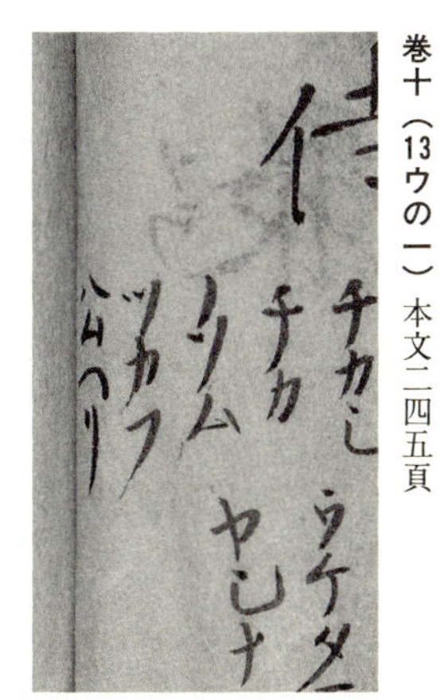

巻十（16ウの一）本文二四八頁

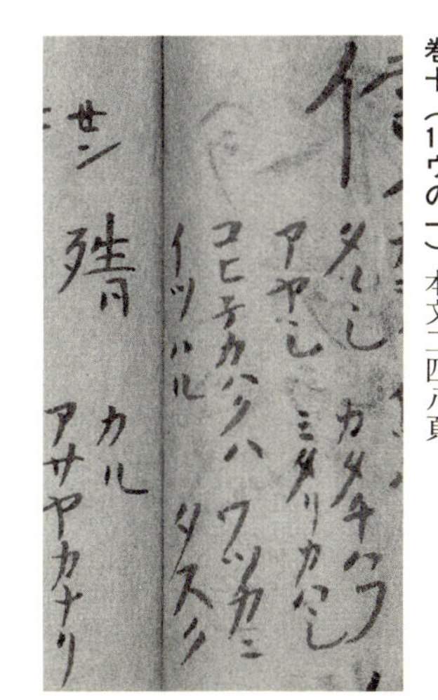

（附）巻六（7オの三）本文一〇頁
「苟」の上に白紙を貼る。「萮」（＝苟）に同じか。

尊経閣善本影印集成 22
字鏡集 二
二十巻本 巻六〜十

発行 平成十二年九月三十日

定価 本体三〇、〇〇〇円
※消費税を別途お預かりいたします。

編集 財団法人 前田育徳会尊経閣文庫
東京都目黒区駒場四－三－五五

発行所 株式会社 八木書店
代表 八木壮一
東京都千代田区神田小川町三－八
電話〇三－三二九一－二九六一(営業)・二九六九(編集)
FAX〇三－三二九一－二九六二

製版・印刷 天理時報社

用紙(特漉中性紙) 三菱製紙中川工場

製本 博勝堂

ISBN4-8406-2322-8 第三輯 第6回配本